DRAXLER

Lebe wild, verrückt & wunderbar

TANJA DRAXLER ist Impulsgeberin, Coach und Expertin für Persönlichkeitsentwicklung. Sie ermutigt, die eigene Wahrheit zu leben. Sie steht für eine moderne Form eines achtsamen Lebensstils, der im Einklang mit dem eigenen Rhythmus gelebt wird. Es werden gesunde Routinen entwickelt und Stress auf alltagstaugliche Weise reduziert. In Radio- und TV-Auftritten, Vorträgen und Seminaren, ihrem Podcast und ihren erfolgreichen Online-Programmen zeigt sie, wie es möglich ist, trotz der täglichen Anforderungen ein selbstbestimmtes, entspanntes und energiereiches Leben zu führen. Sie ist Geschäftsführerin von neuewege – Klangzentrum Österreich und lebt mit ihrem Mann und ihren drei Kindern in der Nähe von Graz. In ihren Büchern und Vorträgen beschäftigt sie sich mit den Themen Achtsames Stressmanagement, Mindful Empowerment, Ganzheitliches Selbstmanagement und Meditation. Mehr unter: www.tanjadraxler.com

Für Annika, Matthias und Sebastian

Meine Liebe zu euch ist mit Worten nicht zu beschreiben.
Ich widme euch dieses Buch mit der Hoffnung in meinem Herzen, dass die Menschheit sich an das weibliche Prinzip erinnert und das Yin wieder seinen rechtmäßigen Platz einnehmen darf. Damit die Zukunft aller Kinder auf Erden hell, liebevoll und freundlich wird.

TANJA DRAXLER

Lebe wild, verrückt & wunderbar

ENTDECKE DEINE WEIBLICHE KRAFT

Online-Zusatzmaterial

Ergänzend zum Buch hat Tanja Draxler ein kostenloses Online-Seminar zusammengestellt. 13 kurze Video-Lektionen laden dich ein, die Inhalte des Buches zu vertiefen. Dein Online-Zusatzmaterial findest du unter: www.tanjadraxler.com/lebewunderbar Dort gibt es außerdem einige der Meditationen aus dem Buch als Audio-Datei. Immer wenn du auf den folgenden Seiten dieses Icon entdeckst, kannst du dir die passende Meditation online anhören.

Dein Geburtsrecht

Schön, dass wir uns gefunden haben. Ich glaube nicht an Zufälle. Somit ist dieses Buch auch nicht zufällig in dein Leben gekommen. Im Inneren weißt du, dass es dein Geburtsrecht ist, ein selbstbestimmtes, erfülltes, gelassenes und energievolles Leben zu leben. Es ist Zeit, wieder Steuerfrau deines Lebens zu werden. Selbst wenn die äußeren Umstände oft nicht die idealsten sind. Trotz der Geschwindigkeit um uns und den zunehmenden Ansprüchen der Allverfügbarkeit ist es möglich, in die eigene Mitte zu finden, deine Rhythmen zu achten und tiefe innere Ruhe zu erleben. Es ist möglich, deine Träume und Visionen zu leben. Es ist dein Recht, ein tiefes Gefühl der Befriedigung am Abend vor dem Einschlafen zu empfinden.

Dabei spielt es keine Rolle, wie du dein Frausein lebst. Ob du Mutter bist oder nicht. Ob du in einer Partnerschaft lebst, Single, Ehefrau oder Geliebte bist. Ob du groß bist oder klein. Blond, braun- oder rothaarig. Ob du Frauen liebst oder Männer. Ob du einen großen Betrieb leitest, Assistentin bist oder Hausfrau. Ob du temperamentvoll bist oder ruhig. Ganz gleich. Für uns hier ist nur eines wichtig: Du bist eine Frau.

Eine Frau, die sich ihrer wahren Weiblichkeit bewusst ist, ruht in ihrer weiblichen Intelligenz. Sie ist ihren unbewussten Emotionen nicht ausgeliefert. Sie macht sich nicht ständig Gedanken darüber, wie sie auf andere wirkt. Sie weiß, was sie will und was sie nicht will. Sie muss sich nicht verstellen oder jemandem gefallen. Sie lebt und liebt ihre unterschiedlichen Emotionen. Das Leise und das Laute, das Wilde wie das Sanfte, das Kämpferische wie das Heilende. Einmal frech, dann freudvoll, einmal weich, dann wieder radikal. Sie braucht keine Liebe, denn sie ist Liebe in ihrer reinsten Form.

Es ist an der Zeit, dich daran zu erinnern, wie es sich anfühlt, ganz und gar du selbst zu sein und dir selbst treu zu bleiben. Es ist Zeit, dass du entspannt und gelassen deinen täglichen Aktivitäten nachgehen kannst. Es ist Zeit für deinen authentischen Selbstausdruck, deine ureigene Schönheit, deine innere Wahrheit.

Im Kontakt mit dir selbst wird dein Leben unglaublich bunt. Die Farben um dich werden prächtiger, du fühlst dich lebendiger, entspannter, gelassener und du erinnerst dich an deine weibliche Kraft. Du lebst deine Version des Lebens!

Ich freue mich auf die gemeinsame Reise mit dir,
deine Tanja

Eine glückliche Frau

ruht ***entspannt in ihrem Körper***

und ihrem Herzen*.*

Sie ist stark, unvorhersehbar,

tiefsinnig, ruhig und gelassen,

gegebenenfalls auch wild

und destruktiv, ***aber immer***

voller Leben*, weil sie von der*

immensen Kraft ihres

ozeanischen Herzens

angetrieben wird.

Dr. Libby Weaver

Mitten im Leben

Neue Wege

Ich bezeichne mich gerne als Frau, die mitten im Leben steht. Seit vielen Jahren berate ich Menschen in unterschiedlichsten Kontexten, habe gemeinsam mit meinem Mann drei Kinder im besten Alter. Wir wohnen in einem großen Haus mit Oma, Katze und Schildkröte. Tagsüber trifft man in unserem Haus nur selten drei Kinder an; vielmehr sind es um die sechs bis acht Stück jeden Alters. Vielleicht sollte ich in meinem nächsten Leben Tagesmutter werden. Nicht nur Freunde und Schulkollegen, sondern auch die Nachbarskinder fühlen sich sichtlich wohl in unserem Haus. Vor vielen Jahren gründeten mein Mann und ich gemeinsam das Zentrum »*neuewege*«. Schwerpunktmäßig geben wir und unser Team Seminare im Bereich achtsames Stressmanagement und Entspannungstraining. Zusätzlich betreiben wir einen gutgehenden Online-Shop. Ich gebe Seminare, halte Vorträge, schreibe Bücher und fülle leidenschaftlich gerne meine Online-Akademie mit neuen Seminaren. Kurz gesagt, ich bin eine Frau mitten im Leben und natürlich auch Alltag.

Ganz bestimmt kommt dir das auf die eine oder andere Weise vertraut vor. Bestimmt bist auch du eine Frau, die die Anforderungen des Alltags kennt. Das Wechselspiel der Gefühle zwischen den eigenen Bedürfnissen und denen der anderen. Es gibt nicht nur dich alleine in diesem riesengroßen Universum. Sondern auch dein Kind, das sich gerade am Knie verletzt hat, deine pubertierende Tochter, die gerade das erste Mal verliebt ist, und die Berge an E-Mails, die du zwischen Abwasch und Haushalt beantworten willst. So oder so, wahrscheinlich wünschst auch du dir – so wie ich – manchmal sechs Hände, mindestens drei Gehirne und einen Akku, der sich niemals leert. Manchmal fühlst du dich vielleicht zwischen all dem überfordert. Manchmal vielleicht müde und ausgelaugt. Aber du spürst auch, dass du gebraucht wirst. Du als Frau! Mit all deinen wunderbaren Fähigkeiten und Talenten, deiner Liebe und Freude am Leben!

Ich liebe es, mit Frauen wie dir zu arbeiten. Ich bin fest davon überzeugt, dass es uns Frauen braucht, um unsere Erde zu retten. Uns Frauen, mit unseren weiblichen Qualitäten, kraftvoll – gelassen! Es wird Zeit für jede Frau, sich an die ihr innewohnende Kraft zu erinnern und die weiblichen Qualitäten in diese Welt zu tragen. Denn wir befinden uns gerade kurz davor, in ein gesellschaftliches Burnout zu kippen. Zu viel Leistungsdruck, Perfektionswahn und Wirtschaftswachstum treiben uns alle in den Wahnsinn. In unserer modernen Welt bleibt immer weniger Zeit für liebevolle Momente, Rückzug und Vertrauen. Die Expedition zum Mars scheint näher zu sein, als die Rettung unserer wunderschönen Mutter Erde. Um unsere Gesellschaft an wertvolle, weibliche Qualitäten zu erinnern, braucht es aber uns Frauen. Dich und mich!

Du musst dir deiner Fähigkeiten und Talente bewusst sein und vor allem musst du einen klaren Geist bewahren. Voll präsent im Hier und Jetzt sein.

Es ist notwendig, zuerst dir selbst die Sauerstoffmaske aufzusetzen. So wie im Flugzeug. Die Flugbegleiter erklären es ja immer und immer wieder, bevor das Flugzeug startet – auch wenn kaum jemand zuhört. Falls der Sauerstoff in der Kabine sinkt, setze dir zuerst selbst die Sauerstoffmaske auf, bevor du dich um die Passagiere neben dir kümmerst. Auch in diesem Buch geht es um dich. Wir setzen dir die Sauerstoffmaske auf, damit du mitten in deinem Alltag, wie auch immer er aussieht, voller Energie und Kraft dein Frausein leben kannst. Wir brauchen Frauen, die mitten im Leben stehen und ihre weiblichen Qualitäten in die Welt tragen. Damit die Waage nicht ins Kippen gerät. Jede einzelne Waage, aber auch die gesellschaftliche. Wir brauchen Frauen wie dich! Ganz dringend!

Umbruch

Ich kann mich noch sehr gut an die Zeit erinnern, als mein Energielevel sehr niedrig war. Ich habe erlebt, wie es sich anfühlt, energielos durch meinen Alltag zu schlurfen. Und ich habe erlebt, dass damit keinem geholfen war, weder den anderen noch mir selbst.

Dies alles geschah vor ein paar Jahren. Interessanterweise begann alles beim Schreiben eines Buches. Oder vielleicht endete es damit auch. Mir war es wichtig, ein Buch zum Thema »Digitalisierung und Menschlichkeit« zu schreiben. Womit ich nicht rechnete, war, dass zu der Zeit, als ich das Buch zu schreiben begann, unglaublich viele andere Dinge auf mich einströmten. Ich hatte das Gefühl, dass ständig etwas mit mir gemacht wurde, statt dass ich selbst etwas tat. Es standen viele Interviews mit Zeitschriften und Radiosendern auf dem Programm. Viele Aufträge in Richtung Öffentlichkeitsarbeit forderten meine Aufmerksamkeit. Ich zapfte immer mehr an meinen Energiereserven ab, die normalerweise recht gut gefüllt waren. Ich bediente mich hemmungslos. Gleichzeitig wechselten meine Söhne in die Grundschule und ins Gymnasium. Im Jahr davor erlebten und erlitten wir einen Schulwechsel mit unserer Tochter. Das waren stets große Umstellungen. Einerseits hinsichtlich der Organisation des Tagesablaufes, andererseits auf emotionaler Ebene bei meinen Kindern und auch bei mir. Meiner Schwiegermutter ging es zu dieser Zeit gesundheitlich sehr schlecht. Sie verbrachte ein ganzes Jahr lang mehr Zeit im Krankenhaus, als bei uns zu Hause. Und so braute sich beruflich und privat so einiges zusammen. Das machte etwas mit mir. Ich jedoch übersah regelrecht die Zeichen und überging etwaige Symptome, die sich mir immer wieder im Kleinen zeigten.

So, und jetzt setzte ich mir auch noch dieses Buch in den Kopf. Nicht, dass du mich falsch verstehst. All das machte ich gerne. Ich gebe gerne Interviews, liebe es, Seminare abzuhalten, liebe den Alltag mit meinen Kindern. Und mir gefiel der Gedanke, dieses eine Buch zu schreiben. Was war dann das Problem, meinst du? Ganz einfach: Es war zu viel von allem. Zu viel an neuen Dingen, zu viel an Kopfarbeit, zu viele neue Abläufe, zu viele Vorgaben. Zu viel Struktur, Termine und Leistungsdenken. Ich ging kaum noch in den Wald, meine Energietankstelle Nr. 1. Ich bekam zu wenig Schlaf. Ich konnte mir keine Pause mehr gönnen. Und ich wollte dieses Buch zum Thema Digitalisierung schreiben, das nicht unbedingt eine leichte Lektüre werden sollte. Ich schrieb und schrieb und schrieb in jeder freien Minute. Auch noch, als mein Mann und ich uns ein paar Tage frei nahmen, um endlich wieder einmal für uns alleine zu sein. Wir fuhren an einen der schönsten Seen Österreichs. Meine Eltern versorgten in der Zwischenzeit unsere drei Kinder. Wir waren also nun an diesem wunderschönen See mitten in den Bergen. Glasklares Wasser, Holzstege, die zum Sonnen einluden, nur mein Mann und ich – ohne Kinder! Aber was machte ich? Während mein Mann genüsslich seine Runden auf einem Stand-up-Paddle drehte, arbeitete ich weiter. Ich schrieb bis spät in die Abendstunden und begann noch vor Sonnenaufgang. Abstand war keiner mehr möglich.

Was passierte? Die Waage kippte. Es fühlte sich so an, als würde eine Krise in meinem Körper ausbrechen. Schwindel, Unruhe, Schweißausbrüche, Angst. Natürlich kam es dazu nicht vollkommen plötzlich. Ich hatte schon Monate zuvor siegessicher alle Symptome übersehen, die mir mein Körper schickte. Aber jetzt musste mein Körper handeln. Er wusste keinen Ausweg mehr. Es dauerte noch einige Wochen, bis ich tatsächlich verstand, was passiert war. Da meine Symptome einfach nicht lockerließen. Dann endlich – ich hatte die Zeichen erkannt. »Tanja, so geht's definitiv nicht.«

Tausende Gedanken marterten mich in der Nacht. Wie konnte mir das passieren? Gerade mir, die sich schon jahrelang mit Themen rund um Stressmanagement und Entspannungstraining auseinandersetzte? Wie konnte es mir passieren, dass auch ich mich plötzlich im Hamsterrad wiederfand? Ich wusste, dass ich etwas ändern musste. Du siehst, ich spiele in diesem Buch mit offenen Karten. Ich bin eine Frau, die wie du die Höhen und Tiefen des Lebens kennt. Es stellt sich viel mehr die Frage, wie gehen wir damit um? Wie geht es weiter?

Ich war es gewohnt, ausreichend Energie für meinen Alltag zur Verfügung zu haben. Seit ich vor über zwanzig Jahren beschlossen habe, aus einem Leben auszusteigen, das mich schwächte, kannte ich diese Art der Energielosigkeit nicht mehr. Ich konnte mir als selbständige Unternehmerin meine Arbeitszeit gut einteilen. Unsere Kinder wurden zu Hause geboren, ich stillte sie lange, ich nahm mir viel Zeit, unsere Kinder in den ersten Jahren entspannt ins Leben zu begleiten. Und dennoch passierte es. Die Schule und der Familienalltag forderten, die Seminare wurden mehr, die Büroarbeit verlangte ihre Zeit, meine Ansprüche an mich wuchsen, meine persönlichen Bedürfnisse als Frau stellte ich mehr und mehr hinten an. Mir wurde klar, welchen Raubbau ich an meinem Körper betrieben hatte.

Was machte ich? Ich legte mein Manuskript, das mir meinen Kopf zermarterte, zur Seite. Ich strich viele Termine. Ich sprach mit meinem Körper, legte bewusste Oasen der Ruhe ein und lebte auch in meinem Business verstärkt die weichen Seiten des Erfolgs. Ich beschloss zu diesem Zeitpunkt, nur noch Bücher zu schreiben, deren Inhalte jede Zelle meines Körpers tanzen lassen. So wie dieses Buch hier, das du gerade in deinen Händen hältst. Zugegebenermaßen, es dauerte. Es dauert einige Monate, bis ich wieder das Vertrauen in mich und meinen Körper fand. Es dauerte, bis ich wieder ein tiefes inneres Gefühl der Ruhe und Entspannung wahrnehmen konnte. Heute nehme ich dankbar all die Erfahrungen an, die ich in dieser Zeit machte. Sie waren es, die mich in Bewegung versetzten. Sie lehrten mich, für mich einzustehen. Im Nachhinein haben sie mich reicher gemacht und mich zu mir geführt. Ich habe mich wieder erinnert, auf mich selbst zu hören, meine Bedürfnisse wahrzunehmen und mir Zeit für Rückzug zu gönnen. Ich habe begonnen, offen über meine Erfahrungen zu sprechen. In meinen Online-Seminaren, meinem Podcast, mit meinen Seminarteilnehmerinnen. Ich spreche darüber, wie schnell wir Frauen aufgrund der Anforderungen des Alltags, der Familie und unseres Berufes ins Hamsterrad geraten können. Ich spreche darüber, wie genau ein energiefüllender Alltag für Frauen gelebt werden kann. Ich bin nicht verwundert darüber, auf wie viel Resonanz ich stoße. Immer mehr Frauen sind ausgelaugt und müde oder stehen massiv unter Stress. Sie wissen nicht mehr, wie das mit dem Runterkommen funktionieren soll. Ich treffe vermehrt auf Frauen, die ohne Freude ihre Alltagstätigkeiten verrichten. Frauen, die vergessen haben, wie es sich anfühlt, lebendig zu sein und ihre so wichtigen, weiblichen Qualitäten zu leben. Frauen, die sich danach sehnen, sich wieder zu spüren und wieder voll in ihrer Kraft und Energie zu sein.

Ich bin felsenfest davon überzeugt, dass es jede Frau verdient hat, ein entspanntes, gelassenes Leben zu führen und voller Energie durchs Leben zu gehen – dies ist die Voraussetzung für ein glückliches, erfolgreiches und selbstbestimmtes Leben. So hast es auch du verdient, die beste Version deines Lebens zu leben. Um das umzusetzen, ist es unerlässlich zu wissen, wie du wieder in deine Kraft kommst. Wir sehen uns in diesem Buch an, was genau du als Frau brauchst, um voller Stolz und Würde deine weiblichen Qualitäten zu leben. Qualitäten, die nicht nur für jeden Einzelnen, sondern auch gesellschaftlich gesehen so dringend benötigt werden. Und die dich deinen persönlichen Erfolg feiern lassen. Egal, ob im privaten Alltag, im Familienleben oder im Beruf.

Frauen unter Stress

Ich arbeite täglich in meinen Seminaren und Trainings mit Frauen, deren Energie am Limit ist. Die zwischen all den Anforderungen eines modernen Alltags vergessen haben, wie es sich anfühlt, voll in der eigenen Kraft zu sein. Immer mehr Frauen stehen andauernd unter Stress. Sie versuchen, allem und jedem gerecht zu werden. Viele sind auch permanent müde. Sie sind abgespannt und angespannt zugleich. Diese ständige Anspannung und das Gefühl, dass die Zeit niemals reicht, um die To-do-Liste abzuarbeiten, nimmt dramatisch zu.

Momentan stehen wir vor dem Problem, dass sich unsere Umwelt und Gesellschaft in einem nie zuvor dagewesenen Tempo verändern. Das Gefühl, ständig in Eile zu sein und den Draht zu einem gelassenen, entspannten Leben und den weiblichen Bedürfnissen verloren zu haben, schadet der Gesundheit einer Frau massiv. Die meisten Frauen versuchen, alle Rollen in familiären, beruflichen und persönlichen Lebensbereichen gleichzeitig auszufüllen.

Frauen passen sich, auch wenn es meist nicht offensichtlich erscheint, der heutigen Gesellschaft an. Diese Gesellschaft ist mehr geprägt von Eigenschaften wie wirtschaftlichem Erfolgsdenken, Ruhm, Karriere und Konkurrenzdenken, als es den meisten Frauen oft bewusst ist.

Wenn du anders darüber denken solltest, dann beantworte bitte folgende Fragen:

- Dürfen schwangere Frauen selbst entscheiden nach Hause zu gehen, wenn sie Schwangerschaftsbeschwerden haben?
- Sind Intuition, Mitgefühl oder Kreativität Werte in unserer Gesellschaft, die belohnt oder gefördert werden? Die Note Sehr gut in Musik ist in der Schule noch immer nicht gleich viel wert, wie ein Sehr gut in Mathematik, oder?
- Versuchen nicht so viele Frauen, ihre Weiblichkeit wegzuhungern, um einem Schönheitsideal hinterherzulaufen, das einem nicht weiblichen Ideal entspricht?

Die Liste dieser Fragen könnte endlos fortgesetzt werden. Und früher oder später müssten auch die größten Kritiker zugeben, dass sich Frauen noch immer viel zu wenig Raum geben für einen wahren, weiblichen Lebensstil. Wenn eine Frau einen anerkannten Platz in der Gesellschaft einnehmen möchte, dann gelingt das meist nur, wenn sie sich an den Ideologien, Leistungen und Stärken des Konkurrenzkampfes anpasst. Kinder, Familie, das Bedürfnis nach Rückzug, pflegebedürftige Familienmitglieder, Menstruationsbeschwerden oder klimakterische Probleme haben hier wenig Platz. Denn sie mindern die Produktivität. Das wird in unserer Leistungsgesellschaft definitiv nicht gerne gesehen.

Immer mehr Frauen fühlen sich nicht erfolgreich genug, schön genug, mutig genug, schnell genug. So viele vergleichen sich mit den Idealen, die uns in einer *»Always-happy-Gesellschaft«* vorgespielt werden. Uns wird erklärt, wie wir zu sein haben und funktionieren sollen. Der Fokus liegt im Außen und nicht im Inneren, dort, wo das richtige Abenteuer beginnt und die unendliche Schönheit einer Frau zu finden ist. Somit schüttet der Körper vermehrt Stresshormone aus. Immer mehr Frauen fühlen sich überfordert und allgemein erschöpft; kennen aber meist den eigentlichen Grund dafür nicht.

Es macht keinen Unterschied, ob eine Frau tatsächlich unter Stress steht oder ihre persönliche Wahrnehmung Stress auslöst. Es kann sein, dass ihre To-do Liste tatsächlich überquillt. Ihr Stress kann aber auch von einem inneren Gefühl, alles perfekt machen und allem gerecht werden zu wollen, ausgelöst werden. Sie kommt nicht mehr zur Ruhe. Sie hat das Gefühl, nicht mehr alles im Griff zu haben. Wenn ich von Frauen und Stress spreche, dann meine ich nicht nur die Zeitnot oder die Anforderungen, die auf so viele Frauen ununterbrochen einprasseln. Wenn ich von Stress spreche, dann verstehe ich darunter alles, was Frauen in Anspannung versetzt. Auch die innerliche Anspannung, die von Gedanken oder Stimmungen ausgelöst wird.

Viele Frauen nehmen das Gefühl der Überforderung nicht offensichtlich wahr. Sie reagieren hingegen mit Kopfschmerzen, Erschöpfungszuständen, Menstruationsbeschwerden, unregelmäßigen Blutungen, Gereiztheit, Übergewicht oder fehlender Libido. Frauen werden jedoch nicht so geboren. Wir sprechen hier von einem angelernten Muster.

Im Hamsterrad gefangen

Wenn ich mit Frauen in meinen Kursen nach Lösungsvorschlägen suche, wird sehr rasch deutlich, in welchem Hamsterrad sich die meisten befinden. Sie wollen ja aussteigen. Sie möchten runter vom Stresslevel, mehr Zeit für sich einräumen und ein entspannteres Leben führen. Aber wenn wir das Szenario kurz durchspielen, hört sich das meistens so oder so ähnlich an: »Wenn ich mehr von dem mache, was mir guttut, wie mir mehr Pausen gönnen und mehr Zeit für mich und meine Kinder einzuräumen, dann können wir das Haus nicht abbezahlen. Ich muss Vollzeit arbeiten gehen, damit wir den Kredit abzahlen können, obwohl ich mich unglaublich müde und erschöpft fühle. Meinem Mann geht es gesundheitlich gerade gar nicht gut und ich mache mir Sorgen. Natürlich auch wegen unserer Kinder. Also muss ich einfach so weitermachen, damit alles läuft.« Zu all dem kommt ein niemals dagewesenes Lebenstempo auf uns zu, mit der keine Generation vor uns jemals zu tun gehabt hatte. Der ständige Blick aufs Smartphone und die andauernd eintreffenden E-Mails, stundenlanger Stau in Großstädten, blinkende Werbeplakate, der Wäscheberg zu Hause und die schulischen Anforderungen bei den Kindern nehmen massiv zu. Es wurde uns Frauen in die Wiege gelegt, umsichtig zu handeln und die Familie zusammenzuhalten. Doch durch den immer schnelleren Input und dem immer größeren Bereich, den es zu überblicken gilt, scheint dies fast ein aussichtloses Unterfangen geworden zu sein. Und das verursacht Stress.

Ursprünglich war Stress eine gesunde Schutzfunktion, die dem Menschen in früheren Zeiten in ungeschützter Natur das Überleben sicherte. Die Stresshormone, die als Reaktion auf einen gefährlichen Reiz der Umwelt ausgeschüttet wurden, ermöglichte es dem Menschen, unmittelbar zu fliehen oder anzugreifen. Er konnte rasch reagieren. Heute erkennt unser Körper so viele Dinge, die auf ihn einströmen, als Stress.

Gut zu wissen

Unser ganzer Körper, vor allem unsere Schaltzentrale, ist auf das Überleben eingestellt. In unserer schnelllebigen und reizüberfluteten Zeit wird diese Schaltzentrale häufiger aktiviert, als wir es verarbeiten können. Obwohl keine »echte« Gefahr in der Nähe ist, schaltet unser Gehirn auf Kampf- oder Fluchtmodus. Stress baut sich auf, kann nicht abgebaut werden und mit der Zeit fühlen wir uns ausgelaugt und leer. Dies alles hat folgenschwere Konsequenzen.

Im autonomen Nervensystem finden wir den Sympathikus (das System für Kampf, Flucht oder Schockstarre) und den Parasympathikus (das System für Verdauung, Ruhe und Reparatur).

Wenn wir unter Stress stehen oder Gefahr droht, sorgt der Sympathikus dafür, dass der Puls steigt, die Atmung beschleunigt wird, Stresshormone ausgeschüttet werden und die Verdauung verlangsamt wird. All das, damit wir schneller davonlaufen oder der Gefahr begegnen können. Sobald die Gefahr vorüber ist – dies kommt in der heutigen Zeit selten vor – kommt das parasympathische Nervensystem an die Reihe. Es fährt den Herzschlag herunter, verlangsamt die Atmung, schickt Blut in Richtung Magen-Darm-Trakt, setzt die Reparatur von Geweben in Gang und lässt die Libido wieder reaktivieren.

Der Parasympathikus erledigt seine Arbeit vorwiegend in der Nacht. Eigentlich sollten Sympathikus und Parasympathikus miteinander im Gleichgewicht stehen. Bei vielen Menschen herrscht jedoch eine Sympathikus-Dominanz vor, schreibt Dr. Libby in ihrem Buch »The Rushing Woman Syndrom«. Dies kann sich negativ auf die Gesundheit und den Energielevel auswirken. Wenn eine Sympathikus-Dominanz vorliegt, ist es wichtig, diese zu verringern – das ist ein entscheidender Punkt, um die Energie im Alltag zu heben.

Das Gefühl, unter Druck zu stehen, Multitasking, Kurzatmigkeit, Hetzen, quälende Gedanken, nährstoffarmes Essen, Koffein, Alkohol, spätes Zubettgehen, all das steigert noch mehr die Anspannung. Permanenter Stress und die Anforderungen, die täglich auf viele Frauen einwirken, wirken sich hinderlich auf den eigenen Energielevel aus. Dies kann zu Erschöpfungszuständen führen und dem Gefühl, am tatsächlichen Leben vorbeizuleben. Oft zu spät bemerkt, tritt der Erschöpfungszustand an die Stelle der eigentlich normalen Erfahrung eines angenehm gefüllten Energielevels sowie dem Gefühl von tiefer innerer Ruhe.

Doch – inmitten all dessen – scheint sich ein neuer Zeitgeist anzukündigen. Das Bedürfnis nach weiblichen Qualitäten. Auch in der Wirtschaft ist es bereits zu spüren. Untersuchungen zeigen, dass erfolgreiche Unternehmen besonders durch weiche Faktoren, den sogenannten Soft Skills, gekennzeichnet sind. Dieser Wandel geschieht. Wir alle dürfen ihn miterleben und auch mitgestalten. Diese Kraft gestattet es, im Einklang und mit dem Rhythmus der Natur zu leben. Dies schließt mit ein, die eigene Natur zu achten und zu respektieren und im eigenen Rhythmus zu leben. Dies wiederum schließt ein, dass eine Frau gut für sich selbst sorgt, darum wissend, dass sie nur dann auch gut für andere sorgen kann. Und dafür braucht es Frauen, die zu dem stehen, was sie tun und wie sie sind. Die ihre Stimme erheben und ihr Frausein mitten im Leben vertreten. Frauen, die sich wohl fühlen, ihren Körper lieben, von der Kraft der Innenkehr wissen. Frauen, die wissen, dass Stress kein natürlicher Grundzustand ist. Frauen, die wissen, dass weibliche Qualitäten im modernen Leben eines jeden Einzelnen unverzichtbar sind.

Zeit für neue Wege

Die Emanzipation der Frau war nur der erste wichtige Schritt in die richtige Richtung. Wenn wir Frauen diese Freiheit gemäß unserer Natur nutzen möchten, dann dürfen wir uns nicht dem leistungsorien-

Doch –
inmitten all dessen –
scheint sich ein
neuer Zeitgeist
***anzukündigen**.*
Das Bedürfnis
nach weiblichen
Qualitäten.

tierten, ständig auf Wachstum ausgerichteten Denken einer rastlosen Gesellschaft unterwerfen.

Sehr lange Zeit waren Frauen in der Gesellschaft minderberechtigt. Vor allem kluge, weise, einflussreiche und starke Frauen entsprachen nicht dem Rollenbild, wie eine Frau zu sein hatte, und wurden verleumdet. Nicht selten galten Frauen als »hysterisch«. Mit der minderwertigen Stellung der Frau in der Vergangenheit verschwanden auch wertvolle weibliche Qualitäten aus dem gesellschaftlichen Leben. Qualitäten, die jede einzelne Frau aber so dringend wieder leben muss, um in ihre volle Kraft zu kommen. Im Laufe mehrerer Jahrhunderte wurden die weiblichen Urinstinkte mehr oder weniger ausgerottet.

So oder so, das alles gehört der Vergangenheit an. Die Opfer-Täter-Sichtweise bringt uns nicht weiter. Wenn wir sie nicht verlassen, kreisen wir in einer ewigen Schleife der Schuldzuweisungen weiter. Somit steht eines fest: Wir müssen neue Wege einschlagen. Das darf noch nicht das Ende der Geschichte sein. Es wird Zeit für neue Erfahrungen. Somit kommen nicht nur Frauen wieder in ihre volle Kraft, sondern auch Männer.

Dabei hat beides seinen Platz. Aktivität und Ruhe. Verstand und Intuition. Spannung und Entspannung. Außen und Innen. Es geht nicht darum, das männliche Prinzip abzuwerten, sondern darum, Männliches und Weibliches in Einklang zu bringen. Jedem Einzelnen sowie der ganzen Gesellschaft und der Erde zuliebe. Das bringt uns in die Entspannung und die Stressfalle wird unterbrochen.

In jeder Frau schlummert eine weibliche Kraftquelle, die wiederentdeckt werden will. Es wird Zeit, dass Qualitäten wie Kreativität, Vertrauen, Intuition und das Bedürfnis nach einem entspannten Körper und Geist, ihren rechtmäßig verdienten Platz in der Gesellschaft zurückbekommen. Zweifle niemals daran, dass eine Person oder eine kleine Gruppe von Menschen die Welt verändern kann – es ist das Einzige, was bisher funktioniert hat. Es waren immer einzelne Menschen mit Empowerment, die die Welt veränderten. Dieses Buch ist für Frauen, die wirken. Frauen, die sich selbst ernst nehmen, Selbst-

Gut zu wissen

Unsere jetzige Gesellschaftsform ist keineswegs von Natur aus vorgegeben, sondern es waren und sind viele Formen des Zusammenlebens denkbar und lebbar. Dem Zeitraum von ungefähr 100 000 Jahren des Matriarchats steht eine im Verhältnis sehr kurze Zeit des gelebten Patriacharts gegenüber. In der Gesellschaftsform des Matriarchats herrschte das sogenannte Mutterrecht vor. Das bedeutet, dass die Abstammung und Erbfolge durch die weibliche Linie erfolgten. Sowohl der Name als auch das Erbe der Familie blieben in der weiblichen Linie. Das Leben im Einklang mit der Natur und ihren natürlichen Rhythmen stand im Vordergrund. Ebenso wurden die natürlichen Rhythmen der Frau geachtet und respektiert. Erst durch den Übergang der Jäger-und-Sammler-Gesellschaft zu Ackerbau und Viehzucht veränderte sich das Zusammenleben der Menschen. Der Übergang vom Matriarchat zum Patriachat geschah innerhalb einiger Jahrhunderte. Die Machtverhältnisse veränderten sich. In den Vordergrund rückten Besitz, Machtansprüche und Landerwerb. Die »weise« Frau wurde in den Hintergrund gedrängt. Erst um 1920 begann sich das Blatt langsam wieder zu wenden. Es wurden die Hormone entdeckt und die Frau nicht mehr von Natur aus als krank angesehen. Es wurde anerkannt, dass sie bestimmten Hormonschwankungen ausgesetzt ist. Einen wesentlichen Beitrag zur heutigen Stellung der Frau leisteten natürlich die vielen Frauen der Frauenbewegungen, Ethnologinnen und Feministinnen.[1]

fürsorge betreiben. Frauen, die wissen, wie wichtig Intuition, Kreativität, Innenkehr, Hingabe und Entspannung sind, sich die Zeit dafür bewusst einräumen und somit einen positiven Einfluss auf die Welt nehmen.

Du bist genau richtig

Viele Frauen neigen dazu, überhöhte Anforderungen an sich selbst zu stellen. Sie meinen, erst wenn sie diese erfüllen, haben sie es verdient, geliebt und geschätzt zu werden. Hohe Erwartungen und Vergleiche mit anderen machen es nur komplizierter. Schon als Mädchen lernten viele Frauen, sich selbst abzulehnen. Ihre Gefühle, ihren Körper, ihre Wahrnehmungen. Doch die Liebe zu sich selbst ist der Schlüssel zu einem glücklichen und erfüllten Leben. Dazu gehört, dass du dich so annimmst, wie du bist. In Zeiten von Facebook und Instagram, Massen an Erfolgsratgebern und Werbeplakaten mit perfekten Menschen darauf wird man leicht in Versuchung gebracht zu denken, nicht gut genug zu sein. Wohin könnte man jetzt gerade reisen, wie fit seinen Alltag verbringen, welche Outfits tragen, um besser anzukommen? Welch aufregenden Job könnte man erledigen, der andere ins Staunen versetzt?

Aber ich sage dir hier und jetzt: Du bist in Ordnung, genauso, wie du bist. Jetzt gerade. Mit allen deinen Eigenschaften und Verhaltensweisen. Alles, was du bis jetzt erlebt hast, gehört zu deinem Weg dazu. Alles, was jetzt gerade ist, ist richtig und gut so. Du bist einzigartig, wundervoll und liebenswert. Du bist genau richtig so, heute, hier und jetzt. Erst, wenn du dir selbst erlaubst, so zu sein, wie du bist, wirst du mit deiner gesamten Kraft nach draußen gehen. Erst dann kommen alle deine Talente und Fähigkeiten zum Vorschein und du wirst zur Persönlichkeit.

Selbstakzeptanz ist so wichtig, weil sie hilft, dass es dir sofort besser geht. Sie ist aber auch die Voraussetzung dafür, dass du neue Wege einschlagen kannst.

Du bist
in Ordnung,
***genau so**,*
wie du bist.

Die Kraft der Krise

Die meisten Veränderungen im Leben beginnen mit einer Krise. Es kann eine große, aber auch eine kleine Krise sein, oder eine ganz andere. Wenn bei den Frauen, die meine Beratungen in Anspruch nehmen, alles immer nur gut verlaufen würde, würden sie mit größter Wahrscheinlichkeit nicht zu mir kommen. Es sind die Sorgen um das eigene Kind, das in letzter Zeit aggressiv reagiert. Es sind Streitereien mit dem Ehemann, die in den letzten Monaten einfach kein Ende nehmen wollen. Es sind die körperlichen Symptome, wie unbegründete Ängste, Herzrasen oder Magenschmerzen, die das Leben schwer machen. Es ist aber vielleicht auch nur eine Art Energielosigkeit, die einen das Leben nicht mehr in vollen Zügen genießen lässt. Vielleicht befindest du dich gerade in einer Krise. Vielleicht passt es dir überhaupt nicht so, wie es gerade ist. Deine Kinder quengeln oder du bist krank, in der Arbeit läuft es gerade nicht gut oder in deinem Alltag geht es drunter und drüber.

Das Annehmen unterschiedlichster Erfahrungen in Krisenzeiten gehört zu den wichtigsten Schritten in die richtige Richtung. Das ist nicht immer leicht. Als mein Körper rebellierte und ich energielos durch meinen Alltag schlurfte, spürte ich einen enormen Widerstand in mir, der noch mehr Stress auslöste. Ich hätte die Situation lieber kontrolliert, alles was geschah, gerne ungeschehen gemacht. Aber so funktioniert das Leben nun mal nicht. Das Leben lässt sich nicht immer kontrollieren und bis ins kleinste Detail planen. Leben pulsiert. Leben wird geboren, wächst, vergeht und stirbt in einer rhythmischen Ordnung. In den Jahreszeiten ist dieser Kreislauf der Natur gut erfahrbar. Im Sommer blüht und gedeiht es auf der Erde, im Winter ist es karg. Das heißt nicht, dass das eine gut, das andere schlecht wäre. Es heißt nicht, dass wir Opfer sind oder nichts selbst bestimmen könnten. Ganz im Gegenteil. Ich möchte dich einladen, das Steuerrad deines Lebens wieder selbst in die Hand zu nehmen, Kapitänin deines Schiffes zu werden und dich nicht allem klaglos hinzugeben. Einer der wesentlichsten Schritte dahin ist jedoch, vorerst das anzunehmen, was ist.

Krisen anzunehmen und in ihnen eine Chance zu erkennen, ist nicht immer leicht und es braucht eine große Bereitschaft, sich darauf einzulassen. Das Leben ist ein Abenteuer. Manchmal ist es herausfordernd, manchmal anstrengend. Das Leben kann überraschen. Krisen kommen oft unerwartet. Es ist ein Trugschluss unserer Gesellschaft, dass wir selbst immer nur glücklich und fit zu sein haben und uns ständig verbessern sollten. Wir erwarten vom Leben, dass es perfekt sein sollte. Wir erwarten von uns selbst absolute Perfektion. Bei einer Umfrage, die ich auf Facebook startete, antworteten 80% der Frauen auf meine Frage »Was stresst dich im Alltag als Frau am meisten?« mit »Perfektion«. Viele Frauen streben nach Perfektion in der Hoffnung, dadurch angenommen zu werden. Das ist jedoch ein Irrtum. Gerade ihre Eigenheiten, ihre Narben, ihre Ticks gehören zu ihnen. Das ist das, was sie ausmacht. Schauspieler sind im Kino nicht die Helden, weil sie perfekt sind, sondern weil sie verwundbar sind. Sie sind die Helden, weil sie menschlich sind und nicht, weil sie alles perfekt können und wissen. Perfektion ist ein gesellschaftlicher Mythos. Viele Frauen sind viel zu streng mit sich selbst. Aber was wäre, wenn die Höhen und Tiefen im Leben eines Menschen einfach dazugehören würden? Wie fühlt es sich an, wenn du dir innerlich erlaubst, die Kontrolle loszulassen? Wir müssen nicht immer alles kontrollieren, mit dem Verstand verstehen. Manchmal kommt das Leben und rüttelt alles durcheinander. Eine weibliche Qualität ist es, sich darauf einzulassen, sich hinzugeben und auch einmal die Kontrolle abzugeben. Bereits in der Schule haben wir gelernt, immer alles wissen zu müssen. Intellektuelles Wissen wird mit Weisheit verwechselt. Kontrolle mit Kreativität. Annehmen jedoch gehört zu starken weiblichen Qualitäten. Lerne die Welle vielmehr zu surfen, als sie zu kontrollieren.

Was wäre, wenn alles so sein dürfte, wie es ist?

Alles, was du bis jetzt in deinem Leben erlebt hast, gehört zu deinem Weg ins Heute dazu. Und zwar wirklich alles. Du wärst nicht die, die du heute bist, wenn du nicht all das erlebt hättest. Und auch alles, was in Zukunft passieren wird, hat seine Richtigkeit. Wird zu dir gehören. Auch wenn es nicht immer leicht ist, setzt diese Grundhaltung ungemeine Kräfte frei. Auch wenn wir nicht immer verstehen, warum etwas passiert, beinhaltet das Annehmen bestimmter Dinge im Leben, dass die Energie nicht ins Stocken gerät und weitere Schritte weise gesetzt werden können.

Frage dich: *»Was wäre, wenn alles so sein dürfte wie es ist?«* Wirklich alles? Lasse dir den Satz auf der Zunge zergehen. Lege das Buch kurz zur Seite, atme und wiederhole den Satz einige Male laut oder im Stillen: »Was wäre, wenn alles so sein dürfte, wie es ist?«

Spüre in deinen Körper hinein, was dieser Satz an Empfindungen auslöst. Was wäre, wenn alles, was du bis jetzt erlebt hast, zu deinem Leben dazu gehörte? Wenn es dich genau dorthin gebracht hätte, wo du jetzt stehst, und dieser Standpunkt genau der richtige wäre?

Es braucht sehr oft die Hingabe und das Einlassen auf den natürlichen Lauf der Dinge. Das anzunehmen, was ist, ist die Basis dafür.

Annehmen bedeutet nicht, alles hinzunehmen. Etwas anzunehmen bedeutet nicht, hinderliche Situationen im Leben für immer zu akzeptieren. Wenn deine kalten Füße dich am Abend im Bett am Einschlafen hindern, dann hole dir um Himmels Willen warme Socken. Wenn du durstig bist, hole dir ein Glas Wasser. Wenn du schon seit Jahren einen Urlaub am Meer machen möchtest, dann versuche alles erdenklich Mögliche, dir diesen Traum zu erfüllen. Ich spreche hier vielmehr von unausweichlichen Situationen. Solche, die du gerade eben nicht ändern kannst, warum auch immer. In solchen Situationen tut es unglaublich gut, diesen Moment emotional anzunehmen. Probiere es am besten aus. Mir hilft dabei wie gesagt am besten der Satz »Was wäre, wenn alles so sein dürfte, wie es ist?« Er erleichtert es mir, die Situation anzunehmen.

Verantwortung übernehmen

Es wird Zeit, dass du die Verantwortung für dein Leben übernimmst. Auch wenn die Dinge, die du in der Vergangenheit erlebt hast oder gerade erlebst, schmerzhaft waren oder du sie lieber nicht erlebt hättest, sie gehören zu dir. Wahrscheinlich war nicht alles in deinem Sinne. Oder du hättest es dir anders gewünscht. Dennoch gehört zum ersten wesentlichen Schritt in dein kraftvolles, authentisches Leben als Frau, das anzuerkennen, was geschehen ist oder gerade geschieht.

Und genau darin liegt die größte Chance einer Veränderung. Darin liegt die Chance einer Wandlung unseres Selbst. Was habe ich aus meiner Krise gelernt? Im Nachhinein hat sich hinter all den Erfahrungen ein enormes Wachstumspotenzial verborgen. Ich wäre heute nicht da, wo ich jetzt bin, wenn mich die vorangegangene Krise nicht wachgerüttelt hätte. Ich fühle mich gereift und mehr denn je mit dem verbunden, was für mich wirklich wesentlich ist. Ich habe gelernt, wieder auf meine Intuition und mein Bauchgefühl zu hören. Ich habe gelernt, zu mir und meinen Handlungen zu stehen, egal, was andere darüber denken oder sagen.

Die Nacht vor dem Tag

Es ist an der Zeit, Krisen eine neue Bedeutung zuzuschreiben. Was wäre, wenn wir den Tiefen eine neue Bedeutung beimessen würden und auch sie als vollkommenen Ausdruck des Lebens ansehen würden? Was wäre, wenn wir die natürlichen Tiefen des Lebens als die Nacht vor dem Tag sehen würden? Als den Winter vor dem Frühling? Somit gibt es auch keine Fehler. Krisen sind keine Fehler, sondern Angebote des Lebens für Entwicklungschancen. Fehler sind Helfer, heißt es so schön. Wir müssen den Fehlern nur eine andere Bedeutung zuschreiben. Würde ein kleines Kind, wenn es gehen lernt, jeden Sturz als Fehler zu interpretieren, aufgeben, würde kein Mensch laufen lernen.

Wenn du vom Nutzen einer Krise weißt und deren Wert verstehst, wird sich dein Alltag zunehmend entspannen. Frage dich, worauf dich diese Krise aufmerksam machen möchte. Wie möchte dir die Krise helfen, dich in eine andere, dir dienlichere Richtung weiterzuentwickeln?

Schicksalsschläge nehmen natürlich eine eigene Stellung ein, auf die ich hier im Rahmen dieses Buches nicht näher eingehen kann. Falls du einen Schicksalsschlag erlebt haben solltest, dann suche dir professionelle Hilfe, die dich auf deinem Weg unterstützen und begleiten kann.

Frauen in der Krise

Immer mehr Frauen finden sich in einschneidenden Krisen wieder. Sehr viele deswegen, weil sie die ur-weiblichen Prinzipien verdrängen. Frauen haben sich in den letzten Jahrzehnten mehr und mehr eine einseitig männliche Art zu leben angewöhnt, was sie heute Krisen in allen Bereichen des Lebens erleben lässt.

Es geht hier nicht um das Verhältnis zwischen Männern und Frauen oder die Stellung der Frau in der Gesellschaft. Es geht hier um das

*Krisen sind
keine Fehler,
sondern* ***Angebote
des Lebens***
*für Entwicklungs-
chancen.*

Gut zu wissen

Das Wort Krise kommt ursprünglich aus dem griechischen »crisis« und bedeutet ebenso Scheidung, Zwiespalt, Trennung, Wahl, Erprobung oder Entscheidung. Das chinesische Schriftzeichen für Krise ist dasselbe wie für Gefahr und Chance. Wir sollten das Wort Krise nicht auf seinen negativen Aspekt begrenzen. Jeder Mensch erlebt lebensverändernde Einschnitte im Laufe des Lebens. Die Geburt eines Kindes, die Pubertät, die Wechseljahre oder das Altwerden. Früher einmal wurden neue Lebensphasen mit Ritualen gefeiert und bewusst gestaltet. In der heutigen Zeit sind uns die wichtigen Bedeutungen von Lebenskrisen kaum mehr bewusst. Unsere Gesellschaft verdrängt sie zunehmend. Dies hat jedoch Folgen: Überforderung, Burnout, Midlife-Crisis und unterschiedlichste Krankheiten wollen uns darauf hinweisen, diese Krisen wieder bewusster zu erleben. Hinter ihnen verbirgt sich ein enormes Wachstumspotenzial.

Leben weiblicher Qualitäten. Da diese uns Frauen nähren und stärken und unserer Gesundheit enorm guttun.

Die männliche Art zu leben ist geprägt von der Dominanz des Denkens, des rationalen Verstandes. Mit ihm unterstreichen wir das Machen, Tun, Ziele verfolgen, Wachsen und Anstrengen. Wunderbare Eigenschaften, wenn sie nicht einseitig gelebt werden. Aber wir vergessen das Genießen, Ausatmen, Entspannen, Geschehenlassen, die Hingabe, das Loslassen, Träumen und Vertrauen. Wir werten diese Qualitäten ab und gestehen ihnen zu wenig Raum zu.

Diese Art zu leben führt zu zunehmendem Chaos, Stress und Hektik. Viele Frauen verlieren immer mehr den Sinn ihres Tuns. Das Machen und Tun, das Sich-beweisen-müssen steht im Vordergrund, im beruflichen, wie im privaten Kontext. Viele Frauen haben eine unnatürliche und abwertende Beziehung zu ihren weiblichen Qualitäten und ihrem Körper entwickelt. Immer mehr Frauen erkranken an weiblichen Organen. Allein in Deutschland sind immer mehr Frauen im gebärfähigen Alter von der Krankheit Endometriose betroffen. Aber vielleicht sind es auch Stresssymptome, die auf sich aufmerksam machen. Burnout, Herzrasen, Panikattacken, Energielosigkeit.

Worauf wollen uns diese unterschiedlichsten Krisen hinweisen? Frauen werden aufgefordert, den weiblichen Qualitäten, ihrer ureigenen weiblichen Kraft, wieder Raum zu geben. Das Nach-innen-Lauschen, die eigenen Gefühle wahrnehmen, der eigenen Intuition vertrauen sowie das Herzdenken aktivieren. Entspannung, Hingabe und Vertrauen sollen Aktivitäten im Außen, dem Verstand und dem ständigen Tun einen Gegenpol anbieten, damit die Waage wieder ins Gleichgewicht gerät und die Krise ihren Sinn erfüllt hat.

Female-Empowerment-Tipp

Annahme

Auf dem Weg in dein kraftvolles, authentisches Leben als Frau wirst du vielleicht auf Dinge stoßen, die dich blockieren oder auf die eine oder andere Weise bremsen. Wie beispielsweise Selbstablehnung, Schmerzen, verschiedene Formen von Abhängigkeiten, Angst vor Ablehnung, Streitigkeiten oder Energielosigkeit. Wenn du dies bemerkst, dann heißt das nicht, dass du auf dem falschen Weg bist. Wenn du lernst, das anzunehmen, was eben gerade ist, dann wirst du spüren, wie du in Fluss kommst. Und je mehr du im Hier und Jetzt bist, dem, was sich zeigt, offen und voller Vertrauen begegnest, desto mehr wirst du wieder das Gefühl haben, ganz zu werden. Sei also mitfühlend und liebevoll mit dir selbst auf deiner Reise in dein neues Leben.

Akzeptanz-Meditation

Eine Anleitung für Akzeptanz dessen, was ist:

- Setze dich hin und achte auf deine Atembewegung.
- Versuche, »diese eine Situation«, wie z. B. »Stress in deinem Körper«, im Raum zu platzieren und lege den Fokus auf den Raum dazwischen – also zwischen dir und dem Stress.
- Gib dem Raum eine Distanz in Form eines Maßes (z. B. drei Meter, 40 Zentimeter – oder wie weit sich auch immer die Entfernung für dich stimmig anfühlen mag). Sobald du das getan hast, richtet sich dein Fokus nicht mehr auf den Stress und er wird weniger spürbar.
- Nimm deine Gefühle wahr, indem du bemerkst: »Aha, da ist der Stress«, »Aha, da ist Angst«, »Da ist Trauer« ... usw. Wichtig ist, auftauchende Gefühle ebenfalls aus einer Distanz zu betrachten und sie wieder ziehen zu lassen. So wirst du von deinem Stress, deiner Angst, deiner Trauer oder deiner Wut nicht überrollt. Du stellst fest, dass du die Angst nicht bist, sondern nur Angst hast. Man ist nicht die Traurigkeit, sondern man trauert. Man hat Wut, aber man ist sie nicht.
- Versuche die Distanz weiterhin zu beobachten. Wenn die Übung gelingt, wird auch die Distanz größer werden.
- So kommst du zur Ruhe, der Stress wird weniger. Wenn du mit den Gedanken abschweifst, erkenne dies einfach bewusst »Ah, jetzt bin ich wieder abgeschweift …« und komme zurück zu deiner Atembewegung und dem Fokus »Raum dazwischen«. Diese Übung ist nahezu überall durchführbar.
- Die Aufgabe des Kampfes gegen etwas ist immer der erste Schritt, etwas so anzunehmen, wie es ist. Diese Akzeptanz erst macht es möglich, gelassen und voller Kraft durch deinen Alltag zu gehen und dich neu auszurichten.

Zusammenfassung

Momentan stehen wir vor dem Problem, dass sich unsere Umwelt und Gesellschaft in einem nie zuvor dagewesenen Tempo verändern.

Das Gefühl, ständig in Eile zu sein und den Draht zu einem gelassenen, entspannten Leben verloren zu haben, schadet der Gesundheit einer Frau massiv. Die meisten Frauen versuchen, alle Rollen in familiären, beruflichen und persönlichen Lebensbereichen gleichzeitig auszufüllen.

Dennoch, inmitten all dem, scheint sich ein neuer Zeitgeist anzukündigen. Das Bedürfnis nach weiblichen Qualitäten als Ausgleich zu männlichen Aspekten. Dieser Wandel geschieht. Wir alle dürfen ihn miterleben und auch mitgestalten.

In jeder Frau schlummert eine weibliche Kraftquelle, die wiederentdeckt werden will. Es wird Zeit, dass Qualitäten wie Kreativität, Vertrauen, Intuition und das Bedürfnis nach einem entspannten Körper und Geist ihren rechtmäßig verdienten Platz in der Gesellschaft zurückbekommen.

Dafür braucht es Frauen, die voll in ihrer Kraft sind. Die zu dem stehen, was sie tun und wie sie sind. Die ihre Stimme erheben und ihr Frausein mitten im Leben vertreten.

Dabei hat beides seinen Platz. Aktivität und Ruhe. Verstand und Intuition. Spannung und Entspannung. Außen und Innen. Es geht nicht darum, das Männliche abzuwerten, sondern darum, Männliches und Weibliches in Einklang zu bringen. Das bringt uns in die Entspannung und die Stressfalle wird unterbrochen.

Krisen gehören im Leben dazu. Krisen sind Entwicklungschancen und zeigen dir, dass du in deinem Leben eine neue Richtung einschlagen solltest. Dazu zählt zuallererst das anzuerkennen, was ist. Dies ist die beste Ausgangsposition, um dein Leben nachhaltig zu verändern.

Zeit für dein Yin

Yin und Yang

Ich lehne mich gerne an das Prinzip des Yin und Yang an. Es entspringt der asiatischen Kultur und repräsentiert das ewige Wechselspiel von weiblich und männlich. Auch für uns im Westen lebende Menschen kann diese altbewährte Weisheit ein kostbares Hilfsmittel sein, das Leben und seine Geheimnisse besser zu begreifen.

Dem *weiblichen Yin-Prinzip* werden unter anderem folgende Qualitäten zugeordnet: Entspannung, Leere, Ruhe, Intuition, Annahme, Gefühle, Tiefpunkt, Langsamkeit, Kreativität, Hingabe, Innen.

Die weibliche Energie ist erschaffend, bringt die Idee in die Manifestation. Die weibliche Energie ist diffus, in die Tiefe und Breite zerfließend, strömend, emotional und ohne Form. Sie ist schöpferisch, kreativ, Leben gebärend, aufnehmend, umwandelnd und heilend. Die weibliche Energie ist überfließende Liebe und dient sich selbst. Das weibliche Prinzip ist Hingabe, es ist empfänglich und passiv.[2]

Dem *männlichen Yang-Prinzip* wird zugeordnet: Anspannung, Fülle, Aktivität, Verstand, Bewegung, Spannung, Kontrolle, Planbarkeit, Schnelligkeit, Ziele, Tun, Logik, Außen.

Die männliche Energie ist der Impuls, die Idee. Die männliche Energie ist zielgerichtet. Sie ist kämpferisch, gebündelt, dynamisch, leistungs- und wettbewerbsorientiert. Die männliche Energie schützt und hält die weibliche Energie, gibt ihr ein Gefäß, einen Rahmen, eine Sicherheit und Struktur, in der sie sich selbst hingeben und entfalten kann. Das männliche Prinzip ist haltend und aktiv.[3]

Beide Anteile sind wichtig, egal, ob Mann oder Frau. Egal, ob du Töchter oder Söhne hast. Wir würden kein erfülltes Leben führen, wenn wir den ganzen Tag zu Hause auf der Couch ruhen und uns ausschließlich langsam bewegen würden. Ebenso sind wir auch nicht im Einklang, wenn wir diesen Seiten des Lebens keinen Platz einräumen und immer nur schnell unterwegs und den ganzen Tag und die ganze Nacht aktiv sind. Wir brauchen beides. Wir brauchen den Tag, um aktiv zu sein, wir sollten die Nacht nutzen, um zur Ruhe zu kommen. Manchmal tut es gut, langsam zu sein, dann wieder schnell. Und dann gibt es natürlich auch noch einiges dazwischen. Es gibt die Morgenröte und den Sonnenuntergang. Es gibt ein Tempo zwischen schnell und langsam.

Weder das eine noch das andere ist besser oder schlechter. Jeder Mensch besteht nicht nur aus einer der beiden Seiten, sondern hat immer beide Anteile in sich – Animus und Anima genannt. Anders könnte er allein gar nicht überleben. Wir sprechen hier von zwei Polen, die sich gegenüberstehen und als Orientierung dienen sollen. Yin und Yang sind weder statisch, noch klar voneinander getrennte Zustände. Yin bedingt Yang, und ohne Yang existiert kein Yin. Somit können wir männliche und weibliche Anteile nicht auf eine kleine Tabelle reduzieren. Wahre Weiblichkeit und Männlichkeit ist so viel mehr.

Die Waage halten

Doch wenn wir unser momentanes gesellschaftliches Treiben ansehen, erkennen wir schnell, dass unsere Welt stark im Ungleichgewicht liegt. Denn die Werte des Yang-Prinzips werden in einer ungesunden Form an unseren Organisationen, Schulen und mittlerweile auch im Privatleben hochgehalten. Die Nacht wird Dank Elektrizität zum Tag gemacht. Am liebsten wird gesehen, wenn 24 Stunden pro

Tag und sieben Tage die Woche gearbeitet wird. Ständige Erreichbarkeit vorausgesetzt. Körperliche Symptome werden mit Medikamenten unterdrückt. Die Erde wird bis auf ihre letzten Ressourcen ausgebeutet.

An den Zahlen der Weltgesundheitsorganisation sieht man, wie sehr das Gleichgewicht mittlerweile aus den Fugen geraten ist. Die Prognosen für 2030 lauten: Depressionen und Burnout gehören zu den meistverbreiteten Symptomen unserer Gesellschaft. Symptome, die uns dazu zwingen, unsere Yin-Anteile zu leben. Wenn auch krankhaft. Bei einem Burnout ist es unmöglich, das Bett zu verlassen, wir werden dazu gezwungen, zu ruhen. Es ist unmöglich, zur Arbeit zu gehen. Wir müssen langsam werden.

Aber natürlich ist auch das Weibliche nicht die Lösung für all unsere Probleme. Was wir vielmehr brauchen, ist das Weibliche in Bezug auf das Männliche, damit Harmonie entstehen kann. Es wäre ebenso problematisch, wenn das Yin die volle Herrschaft übernehmen würde. Wir können uns nur schwer vorstellen, welche Auswirkungen dies auf unser Weltgeschehen hätte, da wir es in dieser Form noch nie erlebt haben. Somit gehören beide Aspekte – Yin und Yang – zu einem ausgeglichenen Leben, sonst erzeugen sie immer auf die eine oder andere Weise Probleme.

Yin als weibliche Kraftquelle

Ich bin fest davon überzeugt, dass es an der Zeit ist, den Yin-Aspekten wieder mehr Raum zu geben. Wir brauchen die Kraft des Weiblichen. Fernab von Gender-Mainstream oder Unterdrückung der Männerwelt. Es ist an der Zeit, dass wir uns wieder mit Hingabe auf die Liebe und das Leben einlassen, zu unserer wahren Bestimmung finden und das Leben leben, das unserer inneren Wahrheit entspricht.

Gelassenheit, Achtsamkeit, Ruhe, Innenschau, Sinnlichkeit und Kreativität gehören zu den Yin-Qualitäten. Aber Yin ist noch so viel mehr. So viel mehr, dass es sich nur schwer mit Worten beschreiben lässt. Intuition, Hingabe, Innenkehr und Empfänglichkeit sind Zustande, die sich nur schwer erklären lassen. Mit dem Verstand sind diese Qualitäten kaum zu verstehen – Verstand ist Yang – vielmehr müssen wir uns für diese Erfahrungen wieder öffnen, auf einer nicht verstandesmäßigen Ebene. Vor allem für uns Frauen liegt darin ein sehr heilsamer Weg. Denn die Yin-Qualitäten sind uns Frauen so nahe – oder vielmehr entspringen sie aus uns.[4]

Es wird Zeit für uns Frauen, dass wir uns den Yin-Qualitäten wieder öffnen und uns ihnen hingeben. In diesem weiblichen Weg, der in jeder Frau im Verborgenen ruht, liegt Heilung für jede Einzelne. Dieser Weg bringt Frauen in ihre Kraft, Ausgeglichenheit und Energie; lässt sie tiefe innere Ruhe empfinden und sie ein erfülltes Leben erfahren. Er lässt so viele Frauen aus ihrem erschöpften, ausgebrannten Zustand aussteigen. Durch das Leben der Yin-Qualitäten bekommen Frauen wieder Zugang zu ihren ureigenen Energien.

Glaube mir, es braucht eine gehörige Portion an Mut und Bewusstsein, als Frau inmitten unserer Gesellschaft, diesen Weg zu gehen. Aber glaube mir auch, du wirst auf allen Ebenen belohnt werden. Belohnt mit Erfüllung, innerer Stärke, Energie und unglaublich tief empfundener Freude.

Everbody's Darling war gestern. Heute ist Zeit für dich, du wundervolle, strahlende, lebendige und energieerfüllte Frau.

Time in

Eine kleine Geschichte: Unser Informationsstand war fertig aufgebaut. Wir freuten uns auf die nächsten Tage, auf die Kontakte und den Austausch. Mein Team und ich waren auf einer Gesundheitsmesse für Frauen in Wien eingeladen. Ich hielt einen Vortrag, mein Team betreute vor Ort den Stand mit Büchern. Unser Angebot drehte sich rund um natürliche Frauengesundheit. Aber was mich dort erwartete, hatte wohl nichts mit der Frauengesundheit zu tun, von der wir

Everbody's Darling
war gestern.
Heute ist Zeit
für dich,
du wundervolle,
strahlende,
lebendige und
energieerfüllte
Frau.

sprachen. Ich war sehr erschrocken zu sehen, wie Frauen auf dieser Messe als Produkte vermarktet wurden. Slogans wie »Falten weg in drei Minuten«, »Noch schlanker, noch schöner mit einer einzigen Pille«, »Ich mach dich schön, ganz ohne dein Zutun«, waren mir dann doch etwas zu viel. In diesem komprimierten Auftreten flößten mir diese Marktschreier tatsächlich Angst ein. Was vor Jahren noch in Science-Fiction-Filmen zu sehen war, spielte sich jetzt direkt neben mir auf den Messeständen ab. Ein Stand drängte sich neben dem anderen. Es blieb keine Zeit für echten Austausch. Hauptsache schnell soll es gehen und das Geld soll fließen. All das passt wunderbar in unsere Leistungsgesellschaft. Höher. Schneller. Besser. Perfekter.

Ich war Beobachterin. Es stimmte mich traurig. Bei den Frauen, die diese Angebote in Anspruch nahmen, fehlte das Lächeln auf den Lippen. Ihre Augen wirkten müde und traurig. Es war kein inneres Strahlen mehr wahrzunehmen.

Immer mehr Frauen fühlen sich nicht schön genug, fit genug, erfolgreich genug, stark genug. Bei immer mehr Frauen liegt der Fokus im Außen, nicht im Inneren. Die wahre Schönheit einer Frau ist aber im Inneren zu finden. Und auch das richtige Abenteuer beginnt im Inneren, nicht im Außen. Immer mehr Frauen nehmen sich immer weniger Zeit für »*Time-in-Zeiten*«.

»*Time-in-Zeiten*« könnten wir auch »Zeit für innere Räume« nennen. Was hat es mit diesen inneren Räumen auf sich? Und warum ist es wichtig, den Unterschied zwischen inneren und äußeren Räumen zu verstehen? Das sehen wir uns an.

WAS ZÄHLT zu den äußeren Räumen? Alles, was dich im Außen umgibt, z.B. Medien aller Art, der Straßenverkehr, die Uhr, Einkaufszentren, andere Menschen, deine Wohnräume usw.

DAS, WAS WIR zu den inneren Räumen zählen, ist alles, was sich in dir drinnen abspielt: deine Emotionen, Gefühle, deine Intuition, Kreativität, Gedanken, Stimmungen, Träume, Wahrnehmungen, usw.

Mit zunehmender Digitalisierung, Geschwindigkeit und Allverfügbarkeit umgeben dich immer mehr Dinge, die deinen äußeren Raum beeinflussen. Wie z.B. dein Smartphone, das andauernd mit Nachrichten deine Aufmerksamkeit fordert. Die Werbeeinschaltungen auf Google und Amazon, die dich zum Kaufen verleiten. Die E-Mails, die unaufhaltsam hereinströmen und auf ihre Beantwortung warten. Straßenverkehr, Medien, Asphaltstraßen und Einkaufsmeilen nehmen immer mehr Platz unseres äußeren Raumes ein.

Wenn du dich nicht bewusst um deinen inneren Raum kümmerst, wirst du dich nach und nach immer mehr von dem entfernen, was dich als Frau ausmacht. Du verlierst den Kontakt zu deinem Körper, deinen Gefühlen und Charaktereigenschaften. Du vergisst, wer du wirklich bist. Du läufst fremdgesteuert und leicht manipulierbar durch deinen Alltag. Das alles verursacht Stress.

Natürlich gehört auch die Natur, der Wald, Flüsse und Seen zu den äußeren Räumen, die dich umgeben. Dazu kommen wir noch etwas später. Sie nehmen aber eine Sonderstellung ein und nähren deine Weiblichkeit.

Spüre nach: Was lässt dich als Frau in deiner Essenz öffnen? Was führt dich in deine Mitte? Was lässt dich tief bis in jede Zelle deines Körpers entspannen? »Time-in-Zeiten« können ganz bewusst in deinen Alltag einfließen. Sie müssen nicht getrennt von ihm erlebt werden. Somit schöpfst du unerlässlich Energie aus deiner inneren Quelle der weiblichen Kraft.

Was also tun?

Kümmere dich ab heute ganz bewusst um deinen inneren Raum. Lege vermehrt *»Time in-Zeiten«* ein. Also Yin-Zeiten. Du betrittst sie in Form von Achtsamkeit, Meditation und Stille. Ebenso nähren Zeiten für Kreativität, Massagen, Sex, Tanzen oder Bewegung in der Natur dein Yin. All das, was dich tief entspannen lässt, nährt dein Yin. Wenn wir das Wort Stress genauer untersuchen, dann können wir

Female-Empowerment-Tipp

Bedürfnis-Liste

Sehr schnell erkennst du anhand einer einfachen Liste, ob du in deinem Leben Raum für deine innersten Bedürfnisse lässt. Du siehst auf einen Blick, ob deine Planung auch neue Lebensenergie und Erfüllung im Alltag bringt.
Nimm ein Blatt Papier und ziehe in der Mitte einen Strich durch: Auf der linken Seite schreibst du alles auf, was dich erfüllt, was dir Kraft gibt, was du gerne machst und was dich innerlich entspannen lässt.
Auf der rechten Seite schreibst du alles auf, was du tatsächlich den ganzen Tag lang machst.
Und nun vergleiche die beiden Seiten!
Und? Das Blatt Papier lügt nicht! Du siehst die Antwort schwarz auf weiß vor dir liegen. Hebt das, was du den ganzen Tag machst, dein Energielevel? Schöpfst du aus diesen Dingen Kraft? Wenn nicht, baue mehr Aktivitäten von der linken Seite in deinen Alltag ein.

es nicht nur mit Zeitnot gleichsetzen, sondern Stress ist etwas, das Frauen in Anspannung versetzt. Zu viel davon schadet auf Dauer der Gesundheit einer Frau.

Beginnen wir mit deinem Körper. Er hilft dir, nach innen zu lauschen und deine eigenen Bedürfnisse wieder wahrzunehmen. Er ist dein treuerster Begleiter auf dem Weg nach innen.

Die Sprache des Körpers verstehen

Dein Körper ist dein bester Freund auf dem Weg in dein kraftvolles, authentisches Leben als Frau. Er hilft dir, nach innen zu lauschen, deine Körpersymptome und Gefühle besser zu verstehen und deine weiblichen Qualitäten wieder zu leben. Gerade wenn zeitgleich unterschiedlichste Anforderungen in Familie und Beruf auf dich einströmen, ist es unerlässlich, ein gutes Körpergefühl zu entwickeln, um in Kontakt mit dir selbst zu sein. Dein Körper ist ehrlich und spricht ständig zu dir. Zwar in seiner ganz eigenen Sprache, aber er tut es. Unerlässlich. Er sagt dir, wo du stehst und wie es dir geht. Er sagt dir, wenn du zu viel Stress hast, Zeiten der Entspannung notwendig wären oder du deine Energien falsch lenkst. Wichtig ist, dass du lernst, seine Sprache zu verstehen und ihn als liebevollen Ratgeber in deinem Leben zu integrieren.

Zum ersten Mal in meinem Leben wurde mir die Sprache des Körpers als sehr junge Frau bewusst. Ich war 23 Jahre jung. Ich hatte einen sicheren Job, den ich am Ende nicht mehr liebte. Ich war in einer Partnerschaft, die zur Gewohnheit geworden war. Ich baute ein Haus, in dem ich mich nicht wohlfühlte. Ich war in meinem Körper gefangen. Ich hatte alles im Außen. Aber innen fühlte ich mich leer. Ich war noch so jung, dennoch fühlte ich mich gefangen. Mein Weg als Frau war bereits vorbestimmt. Ich fühlte mich ohnmächtig in einem System, das mich schwächte. Ich hatte eine sichere Anstellung als Erzieherin. Sicher bis zur Pension. Ich nahm bereits um sechs Uhr in der Früh einjährige, weinende Kinder an der Tür entgegen, die täglich mehr Stunden im Kinderhaus verbrachten, als ich mit meiner Vollanstellung. Alles in mir wehrte sich, den Gedanken zuzulassen, dass das für die gesunde Entwicklung eines Kindes förderlich wäre. Ich wollte raus, wusste aber nicht wie. Müsste ich nicht zufrieden sein, mit einem so tollen Job? Mein damaliger Partner und ich bauten ein Haus, das schöner nicht sein konnte. Finanziell ging es uns sehr gut. Samstags Partys, sonntags Golfen und unter der Woche viel an Arbeit. Toller Job, toller Partner. Wie im Bilderbuch! Perfekt, oder? Alles verlief nach Plan. Aber nach wessen Plan?

Ich lernte zu diesem Zeitpunkt die schmerzende Sprache meines Körpers auf eine unbeschreiblich intensive Art und Weise kennen. Mein Körper sprach über massive Körpersymptome mit mir. Von einem Tag auf den anderen hatte ich Schmerzen am ganzen Körper. Sie tauchten wie aus dem Nichts auf. Ich konnte meinen Kopf nicht mehr bewegen. Mein Nacken war wie eingefroren. Ich konnte meinen Kopf weder nach links, noch nach rechts drehen. Natürlich kamen diese Schmerzen nicht von einem Tag auf den anderen. Ich war einfach unglaublich gut geübt darin, Körpersymptome zu übergehen. Von klein auf hatte es mein Körper nicht anders gelernt. Ich gehöre zu der Generation von Frauen, die als Kind bei jeder Kleinigkeit Antibiotikum verschrieben bekamen. Ich war ein regelrechter Antibiotika-Junkie. Husten, Schnupfen, Ohrenweh – kein Problem, ein paar Schlucke von dem rosa Säftchen, und weg waren die Symptome. Das Dumme war nur, dass sie nach einigen Wochen wiederkamen. Und zwar intensiver als zuvor. Somit war ich gut darin, Symptome zu unterdrücken. Aber wie ging es nun mit meinem steifen Nacken weiter? Ich wurde ins Krankenhaus eingeliefert. Die Ärzte konnten nicht herausfinden, womit meine Symptome zusammenhingen. Es war furchtbar, die

Schmerzmittel griffen nicht. Ich lag tagelang bewegungslos im Bett. Ich hatte viel Zeit, um über mein Leben nachzudenken. Die Tage vergingen, die Schmerzen ließen nicht nach. Innerlich wusste ich, dass ich nicht das Leben lebte, das mich glücklich machte. Ich funktionierte als junge Frau. Ich hatte den Zugang zu meiner Lebendigkeit verloren. Tief im Herzen wusste ich, dass ich mehr vom Leben wollte. Ich wollte meine Version des Lebens leben. Ich wollte das Leben in jeder Zelle meines Körpers spüren. Ich wollte um die Welt reisen und einen Beruf ausüben, den ich liebte. Aber wie sollte ich hier nur rauskommen?

Während ich bewegungslos im Bett des Krankenhauses die Stunden zählte, war ich gezwungen, tief in mich hinein zu horchen. Ich kam in Kontakt mit meinen tiefsten Ängsten, aber auch mit meinen tiefsten Wünschen. Ich wurde von meinem Körper gezwungen, mich nicht von unwichtigen Dingen ablenken zu lassen. Damals war das entsetzlich für mich. Heute bin ich meinem Körper überaus dankbar für seine Zeichen.

Damals im Krankenhaus blieb mir somit nur eines: Mich zu fragen, wie ich weiterleben möchte. Während ich mir diese Frage immer und immer wieder stellte, begann ich, ganz tief in mir ein Samenkorn zu spüren. Es war noch winzig klein, aber es schlummerte bereits unter der Erde und die Sonnenstrahlen kitzelten es langsam wach. Im Samenkorn war dieses neue Leben versteckt. Gerade zu der Zeit, während mein Körper schmerzerfüllt im Krankenhausbett lag und niemand die Ursache dafür finden konnte, winkte mir ein neues Leben zu.

Alleine als ich die Entscheidung traf, aus dem Teufelskreis der Fremdbestimmung auszusteigen, ließen meine Schmerzen nach. Ich kündigte, zog aus unserem frisch gebauten Haus aus, mein Partner und ich trennten uns. Wir wussten beide, dass unsere Wege in eine andere Richtung führten und unsere Vorstellungen eines erfüllten Lebens nicht ident waren. Ich wollte aussteigen, er nicht! Woraus? Aus dem gesellschaftlichen Druck. Aus dem Denken, wie man als Mensch zu sein hätte. Aus dem unbewussten Dahintreiben. Aus einem System, das mich nicht frei handeln ließ. Mein Körper machte mir unmissverständlich klar, dass ich nicht das Leben lebte, das mich erfüllte. Dieser Schritt war die beste Entscheidung, die ich hätte treffen können. Ich tauchte immer mehr ein in ein Leben, das mich als Frau bis in jede Zelle meines Körpers erfüllte. Ich war mir selbst treu geblieben. Natürlich gab es auch auf dem Weg danach immer wieder Krisen. Aber wie wir wissen, helfen uns diese Krisen dabei, unser Leben auf einer tieferen Ebene neu zu überdenken und sie als Chance für weitere Veränderung zu nutzen. Zwiebelschicht für Zwiebelschicht.

Volle Power

Viele Frauen sind geübt darin, ihre Körpersymptome zu übergehen oder zu unterdrücken. Sie powern pausenlos durch, so lange, wie sie irgendwie können. Noch mehr Anstrengung, weniger Pausen, mehr Kaffee und Süßigkeiten. Am Abend vor dem Einschlafen ein Glas Wein, Fernsehen und eventuell ein leichtes Einschlafmittel. Es ist ein Kampf gegen den eigenen Körper. Dieser Kampf jedoch kann nicht gewonnen werden. Der Körper und seine Symptome sitzen am Ende immer am längeren Hebel.

Aber durch ein wochen-, monate- oder gar jahrelanges Ausblenden und Übergehen der unterschiedlichsten Körpersymptome bauen sich regelrecht Areale in unserem Gehirn ab, die für das Wahrnehmen sensorischer Reize zuständig sind. Somit wird unser sensorisches System nach und nach beschädigt. Dies hat viel mit der sogenannten Neuroplastizität zu tun. Hirnregionen, die wir mit Begeisterung nutzen, entwickeln sich großartig und werden im Laufe der Zeit immer größer. Umgekehrt bauen sich Areale ab, die wir lange nicht nutzen. Ein hoher Preis, den wir dafür bezahlen ist, dass wir auch die guten Gefühle nicht mehr spüren. Wir können nicht selektiv verdrängen. Viele Frauen verlieren somit auch den Zugang zu ihrer Lebendigkeit und der Fähigkeit, das Leben mit allen Sinnen zu genießen. Sinnesreizungen müssen immer intensiver werden, um überhaupt noch gespürt zu werden.[5]

Gut zu wissen

Die seit der Urzeit tief in uns verankerten Verhaltensreaktionen in Gefahrensituationen sind Kampf oder Flucht. Standen wir einem wilden Tier gegenüber, schlug das Herz schneller, um große Muskelgruppen stärker zu durchbluten und mit Energie zu versorgen. Die Atemfrequenz erhöhte sich, die Verdauungsvorgänge wurden eingestellt, Stresshormone wie Adrenalin und Cortisol wurden ausgeschüttet. Wilde Tiere in freier Wildbahn sind kaum noch anzutreffen, Stress haben wir dennoch mehr denn je. Unser somatisches System kann unterschiedliche Gefahrenquellen nur schlecht voneinander unterscheiden. Somit kann das überfüllte E-Mail-Postfach gleiche Stressreaktionen auslösen, wie der Säbelzahntiger in der Urzeit. Unsere tief in uns verankerten Verhaltensreaktionen funktionieren gleich wie bei unseren Vorfahren. Jedes Mal wird unser Überlebensmodus aktiviert und es findet ein Kommunikationsabbruch zwischen kognitivem (Denken) und somatischem (Körper) System statt. Dazu kommt, dass Stress zu einem ständigen Begleiter geworden ist. In der Urzeit ging es um »jetzt oder nie«. Innerhalb kürzester Zeit haben wir entweder überlebt oder wurden gefressen. In unserer modernen Welt reißt die Dringlichkeitslawine jedoch kaum noch ab. Der überfüllte Terminkalender, das ständige Läuten des Smartphones, die Flut an E-Mails, das andauernde Hintergrundgeräusch von Radio oder Fernseher. Das Gehirn der meisten Frauen kennt keinen Leerlauf mehr. Die Kommunikation zwischen kognitivem und somatischem System findet kaum noch statt. Das kognitive und das somatische System kooperieren umso weniger miteinander, je mehr Stress wir haben. Unser Körper, die Verdauung, der Schlaf und die Regeneration leiden, da wir andauernd für den Säbelzahntiger bereit sein müssen.[6]

Wie können wir nun die Verbindung zu unserem Körper wiederherstellen? Wie sollen wir beginnen?

Es braucht die Bereitschaft, wieder in Kontakt mit dem eigenen Körper zu treten. Das braucht oft eine Menge an Mut und Selbstüberwindung, da es jahrelang anders gelebt wurde. Körperliche Symptome können uns das Leben schwermachen. Auch ich wusste damals in meinen jungen Jahren keinen anderen Ausweg, als die Symptome mit Schmerzmitteln zu bekämpfen. Die schnellste und beste Lösung scheint oft zu sein, die Schmerzen einfach zu betäuben. Aber damals, im Krankenhaus, ließen meine Symptome trotz Schmerzmittel nicht nach. Mein Körper schickte mir so lange Schmerzen, bis ich endlich aufwachte und reagierte. So fragte ich mich: »Was wäre, wenn Körpersymptome auch so sein dürften, wie sie sind? Wenn sie einen Sinn in meinem Leben zu erfüllen hätten? Wenn sie einen Auftrag zu erledigen hätten?« Natürlich ist es wichtig, akute oder lang anhaltende Symptome beim Arzt deines Vertrauens abklären zu lassen. Ich empfehle auch jeder Frau, regelmäßig ihren Vitamin- und Hormonstatus zu überprüfen. Aber darüber hinaus ist es unerlässlich, den Körper als Coach im eigenen Leben zu integrieren.

Dein Körper als Coach

Mein Körper ist zu meinem treuesten Coach geworden. Nach all den Erfahrungen, von denen ich dir erzählt habe, weiß ich: Wenn sich jetzt Symptome melden, frage ich mich, was mein Körper mir mitteilen möchte. Ich prüfe nach, worin ich mich verlaufen habe. Ich frage mich, welche Richtung ich ändern muss, damit es wieder heller und freundlicher wird. Tatsächlich sind körperliche Symptome die einzige Möglichkeit, die dein Körper kennt, um mit dir in Kontakt zu treten. Sie sind die Sprache deines Körpers. Dein Körper kann sein Unbehagen nicht in Worte fassen und z.B. sagen »Hey, bitte iss heute nicht wieder die 100-gramm-Tafel Ganze Nuss, die liegt mir am Abend so unglaublich schwer im Magen.« Er kann sein Unbehagen nur in seiner

Wenn sich jetzt
Symptome melden,
frage ich mich,
was mein Körper
mir mitteilen möchte.
Ich prüfe nach,
worin ich mich
verlaufen habe.

ganz eigenen Sprache ausdrücken, indem er dir z. B. Magenschmerzen schickt. Es liegt an dir, diese Symptome wahrzunehmen und in diesem Fall eine Änderung deines Essverhaltens herbeizuführen.

Regelmäßig schickt uns unser Körper Botschaften, die uns aufzeigen, was unserem Wohlbefinden guttut und was nicht. Sie teilen uns mit, was für unsere Gesundheit förderlich ist. Wir alle empfangen diese Botschaften. Dein Körper weiß, wenn du etwas tust, das dich nicht voll und ganz erfüllt. Um gesund zu bleiben, müssen wir lernen, schon lange vor dem Ausbruch der Krankheit die kleinen Hinweise unseres Körpers zu beachten. Herzklopfen, Schwindel, Rückschmerzen, unreine Haut, Kopf- oder Rückenschmerzen wollen uns aufzeigen, das sein zu lassen, was wir nicht wirklich wollen. Als ich damals im Kinderhaus diesen Beruf ausführte, der mich nicht erfüllte, fuhr ich jeden Tag mit Bauchschmerzen zur Arbeit. Jeden Tag machte mir mein Körper auf dem Weg ins Kinderhaus klar, dass ich darüber nachdenken sollte, ob das wirklich die Arbeit wäre, die mich tief erfüllte. Schon lange bevor er mir die massiven Schmerzen schickte, die mich ans Krankenhausbett fesselten.

Dein Körper ist der beste Ratgeber, den es für dich gibt. Lerne, auf diese Gefühle und Symptome zu achten und kurz innezuhalten. Sie zeigen dir auf, ob es dir tatsächlich gut geht, oder ob du mal eine Pause brauchst oder etwas in deinem Leben umstellen solltest. Dein Körper lügt nicht. Somit nimm diese Zeichen ernst.

Körpersymptome wahrnehmen

Wie kannst du nun aber mit deinem Körper ins Gespräch gehen und seine Symptome so deuten, dass sie dir als Ratgeber helfen? Der erste Schritt sieht so aus, dass du die Symptome erst einmal wahrnimmst. Sie dürfen sein. Frage dich: »Was wäre, wenn alles so sein dürfte wie es ist?« Atme ein und aus und spüre einfach das Unwohlsein oder die schmerzende Stelle. Sie darf sein.

Eine Methode aus der Achtsamkeitspraxis wird dir helfen, mit deinem Körper in Kontakt zu treten und nach und nach zu lernen, ihn wieder zu spüren. Denn wie bereits erwähnt, haben dies die meisten von uns durch unterschiedlichste äußere Einflüsse verlernt oder auch gar nicht erst erlernt.

Dein kognitives System könnte jetzt natürlich überfordert sein, wenn es plötzlich viele Zeichen zu spüren beginnt. Die meisten Frauen haben jahrelang genau diese Hirnregionen verkümmern lassen. Und wie du vielleicht weißt, kann dein Gehirn Veränderungen nicht ausstehen. Es kostet es viel an Energie, wenn es plötzlich anders arbeiten soll, als es das gewohnt ist. Aber deine Gehirnstrukturen lassen sich nach und nach wieder verändern. Dank der Neuroplastizität kannst du langsam wieder damit beginnen, innezuhalten, nachzuspüren und deinen Symptomen offen und geduldig zu begegnen. Ohne gleich etwas ändern zu müssen. Einfach nur zuhören. Um dadurch nach und nach wieder Herrin deines Hauses zu werden. Das Faszinierende daran ist, dass die Körpersymptome dann oft die Notwendigkeit verlieren, vehement auf sich aufmerksam zu machen.

Beginne mit kleinen Schritten

Es gibt viele Dinge, mit denen du beginnen kannst, um wieder auf deine körperlichen Symptome zu achten. Beginne mit einfachen Dingen, deine Bedürfnisse wieder wahrzunehmen: Trinke ein Glas Wasser, wenn du Durst verspürst. Gehe zur Toilette, wenn du musst. Ruhe dich aus, wenn du Müdigkeit verspürst. Ändere deine Sitzhaltung, wenn dein gekrümmtes Kreuz schmerzt. Lasse deine Tränen fließen, wenn dich eine traurige Passage in einem Film berührt. Achte auf deine Atmung, wenn du angespannt bist. Nimm wahr, was du im Augenblick in deinem Körper wahrnimmst. Beginne, deinen Körper zu bewohnen. Du musst nicht immer wissen, was genau in deinem Körper vorgeht, um ihn als Ratgeber zu sehen. Es geht oft viel mehr um ein

Mini-Bodyscan

Nimm eine angenehme, aufrechte Sitzhaltung ein. Atme einige Male bewusst ein und aus. Schließe deine Augen. Richte deine Aufmerksamkeit nacheinander auf die verschiedenen Bereiche des Körpers und führe einen kurzen Bodyscan durch. Dafür brauchst du keine bestimmte Reihenfolge einzuhalten; lasse dich einfach von deiner Intuition leiten. Widerstehe der Versuchung, bei diesem Mini-Bodyscan irgendetwas zu forcieren oder beeinflussen zu wollen. Die Übung ist wirkungsvoller, wenn du für diesen Moment alles so annimmst, wie du es vorfindest.

Du spürst z.B. in deinen rechten Fuß. Nimm wahr, was du spüren kannst. Ist es ein Kribbeln? Ist er kalt oder warm? Spürst du gar nichts? Alles darf sein, wie es ist. Nimm einfach wahr, ohne zu beurteilen. Gehe dann zum nächsten Körperteil weiter.

Der Mini-Bodyscan eignet sich vor allem im Alltag, wenn nicht viel Zeit ist, du aber das Gefühl hast, den Bezug zu deinem Körper verloren zu haben. Oder du das Gefühl hast, durch deinen Alltag zu hetzen. Dann kann dich ein kurzer Bodyscan in deinen Körper bringen und dir helfen, das Gleichgewicht zwischen Innen und Außen wiederherzustellen. Du bist zentrierter, fokussierter und schaffst die Anforderungen des Alltags leichter.

(Anmerkung: Den Bodyscan in langer Version findest du auf meiner Homepage: www.tanjadraxler.com/lebewunderbar)

Wahrnehmen und Zulassen. Spüre dieses Gefühl und überlege, was in den letzten Stunden oder Tagen passiert ist.

Bei mir hat es zum Beispiel unglaubliche Auswirkungen, wenn ich einige Tage hintereinander am Abend viele Kohlenhydrate zu mir nehme. Erst letztens, es war Sommer, waren wir einige Tage hintereinander abends bei Freunden eingeladen. Es gab immer reichlich zu essen. Aus irgendeinem Grund redete ich mir ein, dass die abendlichen Essensgelage dieses Mal keine Auswirkungen auf mein Wohlbefinden haben werden. So griff ich an diesen Abenden reichlich zu. Pizza, Weißbrot, Nudeln, Kuchen. Am dritten Morgen wachte ich mit einem enormen Druck in den Augen auf. Meine Finger waren angeschwollen und mein ganzer Körper fühlte sich sehr schwer an. Ein Gefühl, das sich nur schwer beschreiben lässt, mir aber im Laufe der Jahre immer wieder begegnet ist. Seit einigen Jahren kann ich die abendlichen Kohlenhydrat-Gelage und mein anschließendes Gefühl der Schwere im Körper in Verbindung bringen.

Dein Körper weiß genau, was gut für ihn und dich ist. Wenn Tränen fließen wollen, dann möchte sich unser Körper von gestauter Energie befreien. Wenn wir uns das verbieten und stattdessen den Schmerz mit Süßigkeiten betäuben, werden die Tränen und somit der volle Ausdruck unserer Gefühle unterdrückt. Dein Körper möchte mit dir in Kontakt treten. Lerne die Sprache deines Körpers nach und nach wieder zu verstehen. Sehr gut hilft dabei ein Tagebuch.

Körperhaltung

Deine Körperhaltung spricht ebenso ihre eigene Sprache. Sie zeigt dir auf, wo du stehst. Was in deinem Inneren vorgeht.

Ich lade dich auf eine spannende Coachingübung ein:

STOPP! Verändere jetzt nichts an deiner Körperhaltung. Bleibe genauso sitzen, liegen oder stehen, wie du gerade jetzt liegst, sitzt oder stehst. Und jetzt frage ich dich: Welche Körperhaltung hast du gerade eingenommen? Krumm oder schief? Aufrecht oder gebückt? Ent-

Female-Empowerment-Tipp

Körpertagebuch

Lege dir ein Körpertagebuch zu. Schreibe drauf los, gerade eben so, was dir in den Sinn kommt. Oder beantworte folgende Fragen, zu Beginn am besten täglich:

- Wie geht es deinem Körper?
- Wo spürst du ihn?
- Welche Stellen deines Körpers kannst du gar nicht spüren?
- Welche Stellen schmerzen?
- Was würde dir dieser Schmerz gerne mitteilen, wenn du ihn verstehen würdest?
- Was würde dein Körper gerade jetzt am dringendsten von dir brauchen?
- Was möchtest du deinem Körper geben, damit es ihm besser geht?
- Was wäre ein Schritt in die richtige Richtung?

spannt oder angespannt? Nimm einfach wahr, ohne sie zu beurteilen, ohne sie zu verändern. Einfach nur wahrnehmen. Und wenn jetzt etwas drückt, wie etwa die Magengegend, dann gehe gedanklich genau zu dieser Stelle des Körpers hin, ohne deine Haltung zu verändern. Was möchte dir dein Körper jetzt sagen, wenn er über dieses Symptom mit dir sprechen könnte? Dein Körper spricht andauernd zu dir. Er verwendet nur eine andere Sprache. Er kann nicht in Worten sprechen. Er kann nur über Symptome mit dir in Kontakt treten. Und das ist die Möglichkeit deines Körpers, mit dir in Kontakt zu treten. Schickt er dir Knieschmerzen, Nackenschmerzen, Magenschmerzen? Das können natürlich unterschiedlichste Symptome sein. Aber jetzt bleibe einfach bei diesem einen Zeichen, das dir zu Beginn der Übung in den Sinn gekommen ist. Spüre nach, was es dir sagen möchte.

Es gibt jetzt zwei Möglichkeiten, wie du reagieren kannst:

1. KÖNIGINNENHALTUNG Du nimmst dieses Drücken oder Stechen wahr, spürst nach, was dein Körper dir damit sagen möchte und nimmst eine aufrechte Körperhaltung ein. Sie wird auch Königshaltung genannt.

- Du lässt deine Schultern locker hängen,
- ziehst deinen Kopf ein wenig aus dem Nacken,
- richtest deine Wirbelsäule auf und
- ziehst deinen Kopf an einer imaginären Schnur am Scheitel ganz sanft nach oben,
- du atmest tief und achtsam bis in deinen Bauchraum aus und ein.

Dann spüre nach, was diese Körperhaltung mit dir macht. Du wirst auch spüren, dass Körperhaltung gleich Geisteshaltung ist. Wir können mit Hilfe veränderter Körperhaltungen auch unseren Geist beeinflussen.

Baue die einfache Achtsamkeitsübung täglich in deinen Alltag ein. Egal, wo du dich gerade befindest. Nimm immer wieder bewusst wahr, in welcher Körperhaltung du dich gerade befindest. Auf dem Weg zur Arbeit, am Tisch beim Essen, beim Warten auf den Bus, im Auto oder eben jetzt gerade während des Lesens dieser Zeilen. Und dann: Richte dich auf, gehe in die Königinnenhaltung und spüre, was sich verändert.

2. SYMPTOME NUTZEN Bei der zweiten Möglichkeit trittst du anders in Kontakt mit deinem Körper. Du spürst vielleicht, dass es jetzt an deinem momentanen Symptom nichts ändern würde, wenn du »nur« die Königinnenhaltung einnehmen würdest.

Ein Beispiel: Wenn ich mich in der Endphase beim Schreiben eines Buches befinde, dann habe ich Abgabetermine, die ich einhalten möchte. Ich ertappe mich immer wieder dabei, mir selbst Druck zu machen, indem ich mir sage: »Diese Seiten schreibe ich noch fertig.

Wenn ich das geschafft habe, schaffe ich es noch, den Termin einzuhalten.« Ich spüre, wie ich meine Kiefermuskulatur zusammenpresse, wie ich Magenschmerzen bekomme und ich das Gefühl habe, all das nicht mehr zu schaffen. In diesem Fall schickt mir mein Körper Symptome, damit ich endlich eine Pause einlege. Wenn ich unbewusst durch meinen Alltag gehen würde, dann würde ich diese Zeichen ständig übergehen oder mit Schmerzmitteln unterdrücken. Ich möchte aber ein bewusstes Leben führen. Somit nehme ich die angespannte Kiefermuskulatur wahr, spüre nach und mache etwas, das meinem Körper jetzt gerade guttut. Bei mir wäre das eine geistige Pause. Ich gönne mir einen kurzen, zügigen Spaziergang an der frischen Luft, bevor ich mich wieder an den Schreibtisch setze. Es muss nicht lange sein. Aber mein Körper hat mir ein Zeichen geschickt und ich möchte mit meinem Körper zusammenarbeiten. Unterwegs kommen mir meistens die besten Ideen. Manchmal sind es aber auch nur ein paar tiefe Atemzüge, um die Spannungen in der Bauchdecke zu lösen, die hochgezogenen Schultern wieder sinken zu lassen und die angespannte Kiefermuskulatur zu entspannen. Nach der kleinen Pause geht's so viel einfacher weiter. Meine Finger fliegen wieder über die Tastatur und ich fühle mich wohl, bei dem was ich tue.

Natürlich schickt uns unser Körper auch Symptome, die uns stark beeinflussen, uns schon länger begleiten oder sich nicht durch eine Achtsamkeitsübung oder das Einnehmen der Königinnenhaltung verändern lassen – wobei dies immer der erste wichtige Schritt ist, um wieder Kontakt mit deinem Körper aufzunehmen und Veränderungen einzuläuten. Stärkere Symptome brauchen dann ein Mehr an Veränderung und Richtungswechsel. Mir geht es vielmehr darum, dass du deinen Körper als Freund akzeptierst und aufhörst, gegen ihn und stattdessen mit ihm zu arbeiten. Nach und nach wirst du ihn besser kennenlernen und verwundert sein, dass sich so manche Körpersymptome durch einfache Maßnahmen verändern lassen und die Energie wieder frei fließen kann.

Heilsame Meditation

Eine wunderbare Möglichkeit, um mit *»Time-in-Zeiten«* die Yin-Seite zu nähren, ist die Meditation. Meditation hat sehr viele Formen. Jede Frau ist einmalig und so sprechen auch jede von uns andere Methoden an, um nach innen zu gehen. Es ist wunderbar, wenn du deinen inneren Raum durch Meditation nähren kannst und du so präsenter und selbstbestimmter wirst. Ich persönlich praktiziere Meditation auf die eine oder andere Weise jeden Tag. Auf meinem Mp3-Player finde ich z.B. unzählige geführte Meditationen. Wenn ich mit meinen Stöpseln im Ohr auf der Ofenbank liege, ist das ein eindeutiges Zeichen für meine Kinder, dass sie mich gerade nicht ansprechen sollen. Außer in Notfällen natürlich. Das hat sich im Laufe der Jahre gut eingespielt. Eine geführte Meditation dauert um die 30 Minuten. Danach fühle ich mich erfrischt und tief erholt. Meditation kann aber auch so aussehen, dass du es dir für 20 Minuten auf der Couch gemütlich machst, deine Augen schließt und dir Zeit für deinen Rückzug nimmst. Ich möchte hier ganz bewusst keine Wertung vornehmen und das eine besser, das andere schlechter nennen. Je nachdem, in welcher persönlichen Situation du dich befindest, wirst

Atemmeditation

SCHRITT 1: Suche dir einen ruhigen Ort, an dem du für die nächsten 15 Minuten ungestört bist. Nimm eine Meditationshaltung ein. Sitze am Besten im Schneidersitz mit geradem Rücken auf dem Boden. Deine Knie sollen den Boden berühren. Wenn das nicht möglich ist, schiebe ein Kissen unter deine Knie. Die Hände liegen locker auf den Knien oder im Schoß. Trage bequeme Kleidung, damit der Atem frei fließen kann. Je stiller du deinen Körper hältst, desto ruhiger kann dein Geist werden.

SCHRITT 2: Beobachte nun deine Atmung und mache dir jeden Atemzug bewusst.

— Ich atme ein, ich atme aus.
Ich atme ein, ich atme aus. —

Spüre dabei, wie sich deine Bauchdecke hebt und wieder senkt. Achte allmählich auch auf den Übergang zwischen dem Ausatmen und dem Einatmen. Es entsteht immer eine kleine Atempause. Mache sie dir bewusst.

Ausatmen. – Atempause. – Einatmen.

Beobachte, wie dein Atem in deinen Körper fließt und ihn wieder verlässt.

Dann lasse auch die Atembeobachtung los und komme ganz im Sein an. Wenn störende Gedanken kommen, nimm sie einfach wahr und kehre zu deiner Atembeobachtung zurück.

Female-Empowerment-Tipp

Atem für die Stille

Ich empfehle dir, über deinen Atem in die Stille zu kommen. Wenn ich viel zu tun habe und alles um mich rundgeht, dann verbinde ich die stille Sitzmeditation gerne mit einer Atemmeditation. Unser Atem hilft uns dabei, in den stillen Seinszustand zu gelangen. Anfangs kann das sehr ungewohnt sein. Es kann sein, dass es sich für dich eigenartig oder auch anstrengend anfühlt, nichts zu tun und einfach deinen Atem zu beobachten. Dein Gehirn ist es gewohnt, ständig Impulse zu bekommen oder auf äußere Reize zu reagieren. Zu Beginn ist es auch ratsam, sich einen Wecker zu stellen. Beginne mit kurzen Zeiten von etwa zwei bis drei Minuten. Nach und nach kannst du deine Meditationspraxis ausweiten. Zum Beispiel auf täglich 15 Minuten.

du zu anderen Meditationsformen greifen. Wichtig ist nur, dass du dir regelmäßig dafür Zeit einräumst.

Zur klassischen Meditation können wir das »stille Sitzen« zählen. Wenn es mir gelingt, praktiziere ich das »Sitzen« täglich. Ich leere meinen Geist und komme im Moment an. Diese Form der Meditation ist sehr nährend. In ihr können wir die absolute Stille finden. Stille ist eine weibliche Qualität. Wir verbinden uns über sie mit unserer intuitiven Seite. Es geht währenddessen nicht darum, etwas zu tun oder zu leisten. Es geht einfach nur darum, zu sein. Wir tauchen mit Hilfe der Stille in die Zeitlosigkeit ein und dies wirkt unglaublich heilsam auf unser Frausein.

Aber all das lässt sich nicht planen oder gar erzwingen. Es ist etwas, das geschieht. Manchmal aber auch wieder nicht. Es ist, als ob sich die Blätter einer Rose öffneten. Du kannst es nicht erzwingen, es

»Inneres Lächeln«-Meditation

Egal, wo du gerade bist, lausche nach innen. Nimm deinen Atem wahr. Komme bei dir an, auch wenn es nur für einen kurzen Moment ist. Fange an, dein Gesicht zu entspannen. Deinen Unterkiefer. Öffne ganz leicht deinen Mund. Beginne, sanft durch deinen Mund ein- und auszuatmen. Atme dabei nicht tief. Lasse deinen Körper einfach atmen, bis der Atem ganz flach und ruhig ist. Atme ganz natürlich und weich.

Stelle dir vor, wie innerlich ein Lächeln entsteht. Ein Lächeln, das sich von innen in deinem ganzen Körper ausbreitet. Das hat gar nichts mit dem Lächeln auf deinen Lippen zu tun, es ist vielmehr ein inneres Lächeln, das tief in dir entsteht. Es ist nicht notwendig, mit den Lippen zu Lächeln. Es ist eher so, als würdest du von deinem Bauchraum ausgehend lächeln. Ganz zart und sanft, wie eine Rose, die sich im Bauch öffnet.

Wiederhole diese Übung so oft du magst, du wirst das innere Lächeln immer wieder finden.

kann nur geschehen. Und du siehst dabei zu. Voller Hingabe. Somit haben Meditation und das Eintauchen in stille Räume sehr viel mit Hingabe zu tun. Ein weiteres urweibliches Prinzip.

Wenn du diese Art der Meditation täglich in deinen Alltag integrierst, wirst du schon nach kurzer Zeit eine neue Lebensqualität wahrnehmen.

Vielleicht hast du jedoch nicht immer Zeit, die stille Sitzmeditation zu praktizieren. Ein moderner Alltag bringt oft nur wenige Pausen mit sich. Dennoch ist es unumgänglich, sich mit Meditation für den Alltag zu stärken. Somit bekommst du weitere Meditationen von mir mit auf deinen Weg, die du jederzeit praktizieren kannst. Du brauchst dazu keinen ruhigen Ort, du brauchst keine besondere Körperhaltung einzunehmen. Von außen ist es nicht einmal sichtbar, dass du meditierst. Dennoch wirken sich diese Meditationen positiv auf dich aus. Sie machen dich ruhiger, präsenter, nähren dein Yin und lassen dich selbstbestimmter deinen Alltag leben.

Die Ohne-Kopf-Meditation löst bei manchen meiner Seminarteilnehmerinnen verständnisloses Kopfschütteln aus. Völlig verwirrt fragen sie mich, wie das denn gehen soll, ganz ohne Kopf. Das zeigt uns, wie sehr wir mit unserem Verstand durch den Alltag gehen. Ich verlange von meinen Teilnehmerinnen nicht, dass sie ihren Kopf abschneiden und wegwerfen sollen. Es geht rein um ein Experiment, eine kleine Meditation, die uns sehr rasch, wenn wir es zulassen, helfen kann, den Verstand für eine Zeit auszuschalten und in den Körper einzutauchen. Interessanterweise kommt das Unverständnis für diese Übung meist nur von Frauen, die massiv unter Stress stehen, sehr »yanglastig« unterwegs sind und den Bezug zu ihrem Körper schon vor sehr langer Zeit verloren haben. Aber, sobald sie auf den Geschmack gekommen sind und einmal ein paar Minuten »ohne Kopf« durch den Seminarraum wandern, breitet sich ein breites Lächeln auf ihren Lippen aus. Ihre Gesichtszüge entspannen sich, wie schon lange nicht mehr und das erste Mal seit unglaublich langer Zeit wird eine angenehme, innere Ruhe empfunden.

»Ohne-Kopf«-Meditation

Eine wunderbare Meditation, die leicht in den Alltag integrierbar ist und dich unmittelbar in deinen Körper bringt, verwende ich gerne nach einer Anleitung von Osho. Sie geht folgendermaßen:

Stelle dir vor, du hättest keinen Kopf mehr. Während du spazieren gehst, während du im Badezimmer bist, während du einen Kaffee trinkst oder während du deine Arbeit verrichtest, stelle dir vor, du hast keinen Kopf mehr. Nur noch deinen Körper. Rufe dir ständig immer wieder in Erinnerung, dass dein Kopf nicht da ist. Stelle es dir bildlich vor. Du ohne Kopf! Wenn es dir hilft, dann lasse von dir ein Foto vergrößern, auf dem du ohne Kopf zu sehen bist und schaue es dir immer wieder an. Oder stelle dich so vor deinen Badezimmerspiegel, dass dein Körper sichtbar ist, aber dein Kopf nicht. Wenn du dies ein paar Tage lang praktizierst, dann wirst du ein angenehmes Gefühl im Körper wahrnehmen. Einerseits natürlich sofort, aber je öfter du diese Übung praktizierst, desto größere Ruhe wird sich in dir ausbreiten. Auch das Skifahren, das Tennisspielen und das Schwimmen funktionieren ohne Kopf. Du brauchst keine Angst zu haben, dass du dich verirrst oder dass du nicht mehr zählen kannst. Das funktioniert natürlich alles gleich wie vorher. Aber mit einem angenehmeren Körpergefühl. Probiere es am besten gleich aus. Du wirst wahrnehmen, dass deine Intuition in den Vordergrund rückt, dass du sogar leistungsfähiger wirst und dich besser konzentrieren kannst.

Über den Atem ins Yin

Der Atem ist so fundamental, dass es sich lohnt, sich noch genauer mit ihm zu beschäftigen. Jede Meditation beginnt im Grunde mit einem tiefen Atemzug. Er ist ein Grundgeschenk des Lebens und gehört zur natürlichsten Sache der Welt. Atem ist Urvertrauen, Selbstbewusstsein, Atem ist die Quelle unserer Lebensenergie. Mit Hilfe des Atems kannst du ein Instrument nutzen, das dich direkt nach innen führt und dein Yin nährt.

Eine der schönsten Formen von Atemübungen, die ich kenne, ist das Singen. Ich singe unwahrscheinlich gerne. Vor allem in Gruppen. In meinen Seminaren beginnt jeder Tag im Freien mit ein paar Kraftliedern, die meistens auch mit speziellen Gesten begleitet werden. Wir stehen im Kreis, schnipsen, stampfen und klatschen, ich spiele dazu auf der Gitarre. Es geht dabei nicht um richtiges oder falsches Singen. Jeder kann singen. Ganz egal wie. Es geht schlicht darum, es zu tun, den Atem zirkulieren zu lassen und neue Energie zu tanken. Singen verbindet uns mit unserer weiblichen Kraftquelle.

Vor einiger Zeit spürte ich sehr eindrücklich, wie Singen, oder eben auch Atemübungen, jede Zelle meines Körpers in Vibration versetzen können. Ich hatte im Tonstudio einen Termin für eine CD-Aufnahme. Die Tage zuvor übte ich für mindestens sieben Stunden pro Tag die Lieder, die ich einsingen sollte. Ich sang und sang und sang. Wow, nach diesen Tagen ging ich nicht mehr durchs Haus, vielmehr schwebte ich. Es war ein fantastisches Gefühl. So unglaublich leicht und frei. Seitdem singe ich wieder so oft und wann es nur geht. Unter der Dusche, beim Kochen und während des Autofahrens.

Atem = Team

Vor Kurzem bin ich auf ein wunderbares Anagramm aufmerksam geworden. Wenn wir die Buchstaben des Wortes *ATEM* vertauschen, entsteht daraus das Wort *TEAM*. Das ist deshalb so faszinierend, da wir den Atem dafür nützen können, aus Körper und Geist ein Team zu formen. Sobald du deinen Atem bewusst verlangsamst, bekommt dein Körper die Chance, seinen Stresslevel runterzufahren. Er verlangsamt seinen Herzschlag und innere Ruhe breitet sich aus.

Wenn du die Ebenen des Körpers und Geistes vereinst, dann bist du eine Frau mit wunderbarer Ausstrahlung, mit Charisma. Es ist eine innerliche Aufrichtung, die du praktizierst, und es ist eine sinnliche Freude, den eigenen Körper zu bewohnen. Es geht eine tiefgreifende Befriedigung damit einher, im eigenen Körperhaus zu wohnen. In einem geraden und entspannten Körperhaus, in dem die Wirbel aufeinander stehen, die Schultern locker nach unten hängen, die Knie nicht schmerzen und du dich frei und leicht bewegen kannst. Das klingt doch wunderbar, nicht wahr?

Nutze deinen Atem

Über deinen Atem kannst du unglaublich schnell Stress reduzieren, deinen Körper entspannen und dein Yin nähren. Er ist die erste und beste Möglichkeit, um in eine Meditation einzutauchen. Du brauchst

Kleine Atemmeditation

Nimm die kleine Pause zwischen dem Aus- und Einatmen wahr. Atme ruhig aus – Pause – atme ruhig ein. Nimm einfach nur wahr. Ohne zu beurteilen oder ohne deinen Atem bewusst zu beeinflussen. Nimm diese kleine Pause wahr. Und komme im Hier und Jetzt an.

dafür nicht viel Zeit. Über deinen Atem gelingt es besonders leicht, im modernen Alltag ins Hier und Jetzt zu kommen, dich und deinen Körper bewusst wahrzunehmen.

Die tiefe Bauchatmung

Heute ist wieder einmal so ein Tag. Ich fühle mich morgens zwar fit und innerlich ruhig, aber so ein Vormittag wie heute kann einen ganz schön durcheinanderrütteln. Es beginnt bereits in der Früh damit, dass mein älterer Sohn mit Bauchschmerzen ins Wohnzimmer kommt. Das trifft sich gar nicht gut. Ich wollte den Vormittag nutzen, um einen Artikel fertigzustellen. Der Abgabetermin rückt unaufhaltsam näher. Währenddessen erinnert sich meine älteste Tochter daran, dass sie heute in der Schule wandern geht. Sie will sich dazu meine Wanderschuhe ausborgen, die ich vor dem Winter in den Dachboden geräumt habe. Panik ihrerseits bricht aus. Wie soll sie ohne Wanderschuhe nur wandern gehen. Mit 15 Jahren eine durchaus ernstzunehmende Situation. Schnell auf den Dachboden, die Wanderschuhe suchen, während das Wasser für den Kamillentee gegen die Bauchschmerzen köchelt. Und dann kommt auch noch mein jüngster Sohn ins Spiel. Die 18 Euro für den Mathematikunterricht wollte ich ihm ja schon gestern geben. Dazu war ich aber vor lauter Müdigkeit am Abend nicht mehr in der Lage. Also geht die Suche nach dem Fund der Wanderschuhe weiter. Jetzt suchen wir mit vereinten Kräften meinen Geldbeutel, den ich normalerweise immer in die oberste Schublade im Vorraum lege. Nur ausgerechnet heute befindet er sich nicht dort. Nach langem Suchen finden wir ihn endlich. Ich habe keine Ahnung, wie er in der hintersten Ecke des Wohnzimmers landen konnte. Nach all der Aufregung in den frühen Morgenstunden kann mein älterer Sohn doch in die Schule. Das Bauchweh hat sich nach dem Kamillentee beruhigt. Allerdings geht es ähnlich durcheinander weiter im Büro. Das Internet, das ich heute für meine Recherchen für den Artikel benötigt hätte, fällt aus. Nach der zweistündigen Fehler-

Gut zu wissen

Der Atem beginnt mit dem ersten und mit dem letzten Atemzug hört er auf. Er hilft uns nicht nur dabei, uns zu entspannen, sondern auch dabei, unseren Körper zu entgiften. Beim Einatmen nehmen wir sehr viel Energie, neue Lebenskraft in uns auf, beim Ausatmen geben wir Abfallprodukte oder Verbrauchtes, das, was der Körper ausscheiden möchte, ab.

- 3 % der Abfallprodukte des Körpers werden über den Stuhlgang ausgeschieden,
- 7 % über den Harn,
- 20% werden über die Haut ausgeleitet und
- die restlichen 70% werden mit dem Atem abtransportiert.

In allen alten Gesundheitskunden wurde der Atem bewusst zur Gesunderhaltung in Form von Atemübungen eingesetzt.

suche funktioniert es endlich wieder. In diesem Moment läutet mein Telefon. Die Schule meines Sohnes. Das Bauchweh hat wieder begonnen. Es scheint eine Magen-Darm-Grippe herumzugehen. Ich setze mich ins Auto, um ihn abzuholen, aber das Auto springt nicht an. Die Autobatterie ist leer. Und während ich im Auto sitze und verzweifelt auf den Startknopf drücke, in der Hoffnung, dass mein Auto doch noch anspringt, fühlen sich meine Batterien bereits um 10:00 Uhr vormittags auch schon ziemlich leer an. Ein Katastrophenvormittag. Nachdem nichts mehr läuft, bleibt mir nur eines übrig: Ich lehne mich zurück und mache ein paar tiefe Atemzüge. Ich atme ungefähr 20 Mal tief und langsam in meinen Bauchraum ein und aus. Ich beruhige mich und kann wieder klar denken. Ich gebe in der Schule Bescheid, dass es ein paar Minuten länger dauern wird. Ich steige in das

Auto meines Mannes, das zum Glück auch vor dem Haus steht, und hole meinen Sohn ab.

Wenn ich nur eine Möglichkeit zur Verfügung hätte, meinen Körper und Geist zu entspannen und eine »*Time-in-Zeit*« einzulegen, dann wäre es die tiefe Bauchatmung. Mit tiefen, langen Atemzügen vermitteln wir unserem Körper, dass wir in Sicherheit sind. Dadurch haben wir direkten Einfluss auf ein erhöhtes Stressniveau. Egal, warum du gerade unter Stress stehst. Ein Abgabetermin, der große Wäscheberg, die unendlich lange To-do-Liste. Die bewusste und tiefe Atmung teilt dem Körper mit, dass alles gut ist und keine Gefahr droht. Die Produktion der Stresshormone geht zurück. Entspannung breitet sich aus.

Zu Beginn benötigt die tiefe Bauchatmung etwas mehr an Übung. So wie bei allen Dingen, die sich neu oder ungewohnt für uns anfühlen, müssen wir etwas mehr Zeit aufwenden, bis sie in unseren Alltag integriert sind. Du kannst routinemäßige Abläufe in deinem Alltag mit der tiefen Bauchatmung verbinden. Wenn du in der Früh das Frühstück zubereitest, atme einige Male tief aus und ein. Wenn du unter der Dusche stehst, lässt sich die tiefe Bauchatmung üben. Lass dich durch Post it's, die du in deiner Wohnung oder im Büro aufhängst, an das tiefe Durchatmen erinnern. Ich praktiziere die tiefe Bauchatmung täglich vor dem Einschlafen. Sie hilft mir, mich vom Tag zu verabschieden und mich auf die Nacht vorzubereiten. Aber auch in der Früh gehört es zu den ersten Dingen, die ich noch im Bett praktiziere, einige tiefe Atemzüge zu nehmen. Es hilft mir, mich auf den Tag vorzubereiten und mich bewusst mit meinem Körper zu verbinden.

In der Mind-Body-Technik wird gerne der Begriff »weicher Bauch« verwandt. Diesen Begriff habe ich bei Dr. Susan Blum kennengelernt. Die Worte »weicher Bauch« erzeugen ein Bild von einem entspannten Bauch vor deinem geistigen Auge. Dieses innere Bild erhöht die Wirksamkeit der Entspannungsreaktion. Durch die Konzentration auf den weichen Bauch kann der Geist zur Ruhe kommen.
Yuki Shiina beschreibt in ihrem Buch »Die sanfte Zen-Atmung«, dass das Ausatmen beim Praktizieren der tiefen Bauchatmung immer an

Tiefe Bauchatmung

Du kannst diese Übung im Liegen, Sitzen oder Stehen durchführen. Zu Beginn ist die liegende Variante am einfachsten. Aber auch im Sitzen klappt es schon zu Beginn wunderbar.

Wenn du im Sitzen auf einem Stuhl übst, dann sitze aufrecht, sodass dein Bauch nicht eingedrückt ist. Oberkörper und Oberschenkel bilden einen 90-Grad-Winkel, genauso wie Ober- und Unterschenkel. Die Füße stehen parallel zueinander, hüftbreit auseinander und die Ferse auf dem Boden. Der Kopf bildet die Verlängerung der Wirbelsäule.

Lege zu Beginn deine Hände auf deinen Bauch unterhalb deines Bauchnabels. Später kannst du sie auch auf deinen Oberschenkel ablegen.

Richte deine Aufmerksamkeit auf deinen Atem. Atme durch die Nase ein und aus. Ziehe deinen Atem bewusst tief hinunter bis in den Bauch, sodass du in deinen Handflächen spürst, wie sich deine Bauchdecke hebt und senkt. Einatmen – die Bauchwand drückt nach außen, ausatmen – der Bauch zieht nach innen. Die Bauchdecke sollte sich genau in diesem Rhythmus bewegen. Nicht umgekehrt!

Stelle dir nun vor, dass dein Bauch weich ist. Dadurch vertieft sich deine Atmung und der Sauerstoffaustausch wird verbessert. Sage in Gedanken »weich«, wenn du einatmest, und »Bauch«, wenn du ausatmest. Weicher – einatmen … Bauch – ausatmen.

Stelle dir vor, wie sich dein Bauch beim Einatmen vorwölbt und beim Ausatmen wieder abflacht. Weicher – einatmen, dein Bauch wölbt sich vor … Bauch – ausatmen, … dein Bauch flacht wieder ab …

Übe fünf Minuten lang die tiefe Bauchatmung. Wenn du feststellst, dass deine Gedanken abschweifen, kehre einfach wieder zu »weicher … Bauch« zurück. Im Laufe der Zeit wird das Abschweifen aber immer seltener vorkommen.

Female-Empowerment-Tipp

Bauchatmung

Baue die tiefe Bauchatmung täglich einige Male bewusst in deinen Alltag ein. Sie ist ein Wundermittel gegen Stress. Sie bringt dich ohne große Umwege in einen entspannten Grundzustand. Probiere es einfach aus, du wirst begeistert sein.

erster Stelle steht. Wenn man tief ausatmet, schafft man Raum für neuen Sauerstoff und man braucht diesen dann nur ganz von selbst einströmen zu lassen. Statt zuerst einzuatmen empfiehlt sie, mit dem Ausatmen zu beginnen. Diese einfache Umstellung vertieft den Atem sofort. Seit ich dieses von Yuki Shiina empfohlene Atemmuster praktiziere, hat sich bei mir tatsächlich das angenehme Erleben der tiefen Bauchatmung verdoppelt.

Probiere einfach beide Varianten aus. Spüre in dich hinein, welche dir guttut und bei welcher du dich wohler fühlst.

Ich begleite die tiefe Bauchatmung gerne mit einem inneren Vorstellungsbild, das ich ebenso bei Yuki Shiina kennengelernt habe. Sie empfiehlt, sich vorzustellen, dass auf seinem Kopf eine »Heilbutter« liegt, voller Nährstoffe, die den Körper gesund und vital macht. Diese heilende Butter schmilzt durch die Körperwärme und fließt langsam mit dem tiefen Ausatmen den Körper herunter, vom Großhirn zur Kehle, sie durchdringt die Organe und rinnt immer weiter nach unten. Wenn sie bei den Genitalien angelangt ist, sammelt sich die »Heilbutter« zwischen den Schenkeln am Damm und tritt aus dem Körper aus. Durch die Vorstellung dieses inneren Bildes erwärmt sich der ganze Körper auf sehr angenehme Art und Weise.

Gut zu wissen

Evolutionsbedingt stockt uns der Atem, wenn wir in Gefahr sind. Wenn unsere Vorfahren einem großen Tier gegenüberstanden, musste ihr Körper Stresshormone ausschütten, um das eigene Überleben zu sichern. Die ausgeschütteten Stresshormone sorgten blitzartig dafür, dass gehandelt wurde. Der Atem wurde flach, die Herzfrequenz erhöhte sich, die Verdauung wurde eingestellt. Flucht (oder Angriff) wurde somit ermöglicht. Heute handeln wir in Stresssituationen gleich wie unsere Vorfahren. Durch die bewusste tiefe Bauchatmung können Stressreaktionen unterbrochen werden, da unserem Gehirn unmittelbar vermittelt wird, dass es momentan keinen Grund gibt, sich aufzuregen oder Stresshormone auszuschütten. Die Übung ist eine einfache Entspannungstechnik, die das sympathische Nervensystem (Sympathikus) abschaltet und das parasympathische (den Parasympathikus) einschaltet. Dies führt zu einer tieferen Entspannung und mindert somit auch Angst.

Gefühle

Der Atem dient auch als Spiegel für Stimmungen und Gefühle, in denen du dich gerade befindest. Redensarten wie »Das ist atemberaubend« oder »Mir stockt vor Angst der Atem« zeigen uns, wie tief wir über den Atem mit unseren Emotionen verbunden sind. In Situationen, in denen du Angst hast, atmest du plötzlich viel flacher. Wenn du dich schwermütig fühlst, dann fühlt sich wahrscheinlich auch dein Atem schwer und mühselig an. Atem und Emotionen sind eng miteinander verbunden und so kannst du mit bewusstem Atmen auch auf psychischer Ebene etwas bewirken. Gerade wenn du unter Stress stehst, wenn zu viele E-Mails in den Posteingang kommen, du

Stress mit deinen Kindern hast, du zu viel Zeit vor deinem PC in geschlossenen Räumen verbracht hast oder ein wichtiger Termin ansteht: Bewusstes, tiefes Atmen kann diese Situation umkehren.

Probiere jetzt gleich noch eine einfache Atemübung aus. Während du ruhig ein- und ausatmest, sprichst du im Stillen folgende Sätze:

> *Ich atme ein und bin ruhig,*
> *Ich atme aus und lächle.*

Du kannst bei dieser einfachen Übung durch die Nase ein- und ausatmen, das wäre die gesündere Variante. Die Nasenschleimhäute schützen dich vor Staubpartikeln, die Nase erwärmt den Atem, sodass Wärme in deinen Körper kommt. Wenn du, warum auch immer, nicht durch die Nase atmen kannst, dann funktioniert die Übung natürlich auch mit der Mundatmung.

Auch das Ein- und Ausatmen ist immer in einem Wechselspiel zu sehen, wir brauchen beide Pole:

EINATMEN: etwas Neues, Frisches wird aufgenommen – etwas Neues kommt ins Leben.

AUSATMEN: Altes loslassen, Schlacken aus dem Körper atmen, Ängste loslassen, verbrauchte Energie ausatmen

Achtsames Atmen

Die einfachste Möglichkeit, das endlose Kreisen der Gedanken anzuhalten, besteht darin, dass wir das achtsame Atmen praktizieren. Wir atmen ununterbrochen, achten jedoch selten bewusst darauf. Und noch seltener genießen wir unseren Atem. Ein achtsamer Atemzug

Female-Empowerment-Tipp

Erinnerungszettelchen

Kleine Hilfestellungen wie ein Zettel, der dich an die Atembeobachtung erinnert, können sehr hilfreich sein. So wirst du im Laufe der Zeit deine Atmung intensivieren und gleichzeitig lernen, bewusst mit dir und deinem Körper umzugehen.

ist tatsächlich ein Genuss, wenn er mit ungeteilter Aufmerksamkeit vollzogen wird. Wird dies etwas länger in Form einer Atemmeditation praktiziert, können sich Geist und Körper entspannen.

Nimm dir etwas mehr Zeit für die längere Atemmeditation. Achte darauf, dass du nicht gestört wirst – Handy und alles, was gerade nebenbei am Laufen ist, ausschalten – sorge dafür, dass du lockere Kleidung trägst – kein Gürtel, der zu eng ist, sodass du gut frei atmen kannst. Fein wäre es auch, wenn du für frische Luft sorgst. Es sollte dir aber nicht zu kalt sein, lege dir eine Decke bereit. Gönne dir nach der folgenden Atemübung eine Pause, damit das, was du erlebt hast, nachwirken kann und du es gut in deinen Alltag integrieren kannst.

— Du solltest täglich 20 Minuten meditieren. Außer, wenn du zu beschäftigt bist, dann solltest du eine Stunde meditieren. —

Altes Zen-Sprichwort

Atemmeditation

Setze dich aufrecht hin – nimm die Königinnenhaltung ein – du sollst dich dabei wohlfühlen und gut in die Entspannung eintauchen können.

Beobachte deinen Atem, ohne ihn zu beeinflussen.

Spüre, wie er von ganz alleine kommt und geht – lass dir dabei Zeit – ohne deinen Atem zu beeinflussen. Beobachte einfach, wie er kommt und geht.

- Wo spürst du die Bewegung der Einatmung?
- Wo spürst du die Bewegung der Ausatmung?
- Atmest du flach und schnell oder tief und langsam?
- Atmest du durch den Mund oder durch die Nase?
- Gibt es eine kleine Pause nach der Einatmung? Gibt es eine kleine Pause nach der Ausatmung?
- Gibt es eine kleine Pause nach beiden Phasen?
- Beobachte einfach und nimm wahr.

Bleib bewusst in diesem Atemrhythmus ... spüre bewusst deinen Atemrhythmus ...

Dann komme mit deiner Aufmerksamkeit ganz langsam zurück in das Alltagsgeschehen – recke und strecke dich – und sei wieder ganz im Hier und Jetzt.

Tiefe innere Gelassenheit

Das Urweibliche ist hintergründig und intuitiv, schafft Räume und bildet Gemeinschaften, empfängt, fühlt, achtet Rhythmen, vertraut, spürt, kann loslassen und kooperieren.[7] Das sind sehr starke Prinzipien. All das finden wir im Yin wieder. Gelebte Weiblichkeit entspannt, bringt Ruhe und Gelassenheit mit sich und stellt neue Kräfte zur Verfügung. All das muss sich erst wieder im Bewusstsein unserer Gesellschaft seinen Platz zurückerobern.

Gelassenheit gehört ursprünglich zu den weiblichen Qualitäten. Dabei hat Gelassenheit nichts damit zu tun, gelangweilt auf der Couch zu liegen oder den Kindern zu erlauben, den ganzen Tag vor dem Fernseher zu verbringen. Ganz im Gegenteil. Gelassenheit ist ein tiefes, inneres Gefühl der Ruhe, Stärke und Zufriedenheit. Gelassenheit ist eine innere Einstellung, die Fähigkeit, vor allem in schwierigen Situationen, die Fassung oder eine unvoreingenommene Haltung zu bewahren. Wir könnten sie auch als Gegenteil von Unruhe, Aufgeregtheit, Nervosität und Stress bezeichnen. Darin liegen eine enorme Stärke und Kraft, die uns vor allem in unserem geschäftigen Alltag große Dienste leisten kann.

Gelassenheit
ist ein ***tiefes,***
inneres Gefühl
der Ruhe, Stärke
und Zufriedenheit.

Meditation für innere Gelassenheit

Nimm dir Zeit für dich und sorge dafür, dass du ungestört bist. Nimm eine angenehme Sitzposition ein und schließe deine Augen. Nimm deinen Atem wahr, wie du ein- und ausatmest … Spüre in deinen Körper hinein und nimm wahr, mit welchen Stellen deines Körpers du in Kontakt mit der Erde bist und alles, was du loslassen kannst, lass los. Schaffe in dir Raum für Entspannung. Lass deinen ganzen Körper zu einem offenen Raum werden, in dem alles so sein darf, wie es ist. Halte nichts fest. Lass dein Bewusstsein ganz weit sein, sodass jedes Empfinden in diese akzeptierende Offenheit hineinfließen kann … und so lässt du dich gehen und tauchst noch tiefer ein, in deine innere Welt …

Vor deinem inneren Auge erscheint das Bild eines Berges. Es muss kein Berg sein, den du kennst, versuche vielmehr, dir den schönsten Berg vorzustellen, der dir einfällt. Schaue ihn genau an. Nimm die Massivität des Bergers wahr, den aufragenden Gipfel, den tief in der Erdkruste verwachsenen Fuß. Stelle dir nun vor, wie du dich in diesen Berg verwandelst, mit ihm verschmilzt. Dein Köper wird schwer und ruhig. Identifiziere dich mit dem Berg. Atme dabei weiter tief und gleichmäßig … auch dein Atem fühlt sich an wie der Atem des Berges … langsam und entspannt …

Nimm das ganze Wesen des Berges in dich auf … übertrage alle Eigenschaften auf dich selbst … dein Kopf wird zum Gipfel … deine Schultern und Arme sind die Hänge und Flanken … dein Becken und deine Beine sind der Fuß des Berges – fest mit der Erde verbunden … du bist der Berg … lasse deinen Geist zur Ruhe kommen …

Du als Berg lässt jetzt vor deinen inneren Augen alle Tages- und Jahreszeiten vorüberziehen ... stelle dir vor, wie die Morgensonne dich weckt ... die Mittagssonne scheint warm auf deine Seiten ... spüre auch die Kälte und den Wind der Nacht ... ihre tiefe Dunkelheit ... das Mondlicht ... das Funkeln der Sterne ... du bleibst dabei stets ruhig und unbeeindruckt wie ein wahrer Berg ...

Alles geschieht zur rechten Zeit ... alles darf so sein, wie es ist ... lasse alles vorüberziehen ... die Jahreszeiten mit dem Frühling und dem leuchtenden Grün auf den Hängen ... den Sommer mit den bunten Blumen auf den Wiesen ... den Herbst mit Wind und Regen ... den Winter voller Schnee und Eis ... wie immer deine Jahreszeiten aussehen mögen, spüre sie ... fühle sie ... sauge dich voll mit der Kraft deines Berges ... Beständigkeit ... Erhabenheit ... Zeitlosigkeit ... Gelassenheit ...

Alles um dich herum lässt dich noch mehr in deine Ruhe kommen ... du überdauertest alle Zeiten ...tiefe Dankbarkeit breitet sich in dir aus ...

Und so nimmst du wieder die Gestalt deines eigenen Körpers an und empfindest auch hier tiefe Dankbarkeit ... Und mit dieser Erfahrung verabschiedest du dich von deinen inneren Vorstellungen und Bildern und nimmst das Schöne und Bereichernde mit ...

Nimm mit, was du jeden Tag ein bisschen mehr in dein Bewusstsein tragen möchtest ... mit dem tiefen Gefühl des Vertrauens in dir, dass jeder Tag deines Lebens das bringen wird, was gut und richtig ist ... Und so kommst du hierher zurück mit deiner gesamten Aufmerksamkeit, hierher in diesen Raum und öffnest deine Augen.[8]

Vor einiger Zeit hatte ich eine Autopanne. Eigentlich wollte ich einen ganzen Nachmittag nur mit meinem älteren Sohn verbringen. Von Zeit zu Zeit verbringe ich mit jeweils nur einem Kind Zeit. Diese Zeiten sind für uns beide immer sehr wertvoll. Der Wunsch meines Sohnes war es, einen Ausflug nach Graz zu machen. Wir wollten einen Nachmittag dort verbringen, Eis essen, shoppen und am Abend ins Kino gehen. Wir stiegen ins Auto und machten uns auf den Weg. Auf halbem Weg zum Ziel leuchtete ein Warnsignal am Armaturenbrett meines Autos auf. Ich musste rechts ranfahren. Es machte einen Knall. Mein Auto rührte sich nicht mehr vom Fleck. Unser gemeinsamer Graz-Ausflug war im Eimer. Die nächsten Stunden verbrachten mein Sohn und ich auf der Autobahn. Wir riefen die Pannenhilfe. Die schleppte uns zur nächsten Raststation. Dort warteten wir auf den großen Abschleppwagen. Das dauerte alles seine Zeit. Und zwar ganze vier Stunden! Am späten Nachmittag kamen wir letztendlich mit dem defekten Auto wieder bei uns zu Hause an.

Zu meiner Überraschung war ich in die ganzen vier Stunden über sehr entspannt. Einerseits war ich froh und dankbar, dass nicht mehr passiert war. Andererseits konnte ich die Situation nicht ändern. Mein Sohn und ich nutzten die Zeit, um miteinander zu plaudern, zu lachen und gemeinsam Zeit zu verbringen. Ich weiß, dass ich vor einigen Jahren noch anders reagiert hätte. Ich hätte mich geärgert und mir hätte es um den verlorenen Graz-Ausflug leidgetan.

Aber wie ist nun unser Freitagnachmittag ausgegangen? Wir haben uns, zu Hause angekommen, in das Auto meines Mannes gesetzt und wagten es, nochmals nach Graz zu fahren. Und überraschenderweise konnten wir noch alles machen, was wir uns vorgenommen hatten! Wir gingen eine kleine Runde shoppen, waren lecker essen und ließen den Abend bei einem Kinobesuch ausklingen. Und wir hatten am nächsten Tag beim Familientreffen viel zu erzählen und zu lachen. Denn die Musik des Fahrers im Abschleppwagen war für unsere Ohren sehr, wirklich sehr gewöhnungsbedürftig.

Wer gelassen ist, liegt klar im Vorteil. Er behält die Nerven, auch wenn es rundherum rund geht. In Situationen gelassen zu bleiben, in denen es um nichts oder wenig geht, ist einfach. Das kennst du vielleicht auch aus deinem Alltag. Beim Duschen z.B. geht es nicht wirklich um etwas. Gelassenheit und Ruhe breiten sich schneller in dir aus. Aber »wenn es um etwas geht«, sieht das Ganze schon anders aus. Beispielsweise, wenn es um Geldangelegenheiten geht. Um Probleme mit deinem pubertierenden Kind. Oder um einen Streit mit deinem Partner. Es gibt vielleicht andere, die dir in die Quere kommen. Du wirst mit E-Mails bombardiert, die du nicht mehr zu bewältigen glaubst. Andauernd läutet das Telefon, deine To-do Liste wird immer länger. Die Anforderungen im Job nehmen massive Ausformungen an. Und gerade hier kommt die Gelassenheit ins Spiel. Ruhe, Konsequenz und Gelassenheit bringen dich klar in den Vorteil.

Gelassenheit als Quintessenz der Weisheitsgeschichte

Die Suche nach Gelassenheit gehört keinem neuen Trend unserer modernen Zeit an. Sie ist eines der großen Geheimnisse eines erfüllten Lebens. Die Suche nach Gelassenheit, innerer Ruhe und Kraft begleitet die Menschheit seit Beginn der Geistesgeschichte an.

Gut zu wissen

Beschäftigen wir uns mit Gelassenheit, so wollen wir uns nicht mehr von äußeren Dingen und Handlungen bestimmen lassen. Vor allem unsere Gefühlswelt soll nicht ständig davon beeinflusst werden. Egal, ob es das Wetter ist oder andere äußere Umstände. Wir möchten unsere Gefühlswelt nach innen verlegen. Das, was uns bestimmt, kommt von innen.

Female-Empowerment-Tipp

Der Blick von oben

Gehe immer wieder in die Adlerposition und schaue von oben herab.

- Was geschieht hier?
- Was hat es mit dir zu tun?
- Hat es überhaupt etwas mit dir zu tun?
- Wie kannst du sachte gestaltend eingreifen?

Die Philosophen der griechischen Antike, die römischen Kaiser, christliche Heilige und fernöstliche Weisheitslehrer. Sie alle haben sich damit befasst. Die Suche nach Gelassenheit ist in allen Kulturen zu allen Zeiten zu finden. Sie ist eine uralte Frage, die uns Menschen beschäftigt.

Und so erwarten wir aus einem gelassenen Zustand heraus auch nicht mehr, dass sich die anderen verändern sollen oder dass die Umstände im Außen endlich besser werden, damit wir dann endlich gelassen sein können. Das Ziel ist es, sachte gestaltend einzugreifen, ohne dass der Eingriff als solcher wahrgenommen wird. Wir werden uns der Spiele bewusst, die die Menschen um uns und auch wir selbst spielen.

Und dies übst du Tag für Tag. Denn das geschieht nicht von heute auf morgen. Rom wurde auch nicht an einem Tag erbaut. Und natürlich führen auch viele Wege nach Rom. Einmal gelingt es besser, einmal wieder nicht so gut. Das solltest du von Anfang an mit einberechnen. Aber jeden Tag, Schritt für Schritt, kommst du der inneren Gelassenheit näher. Jeden Tag ein Stück. Im Grunde gibt es kein Ende dieser Reise. Jeder Schritt, den du machst, ist schon wieder ein Erfolg in sich und eine eigene Ankunft.

Heilsamer Schlaf

Als vor einigen Jahren auch nach Wochen meine Symptome nicht nachließen, wusste ich, dass ich etwas unternehmen musste. Mein Herzschlag hüpfte im Laufe des Tages immer wieder aus der Reihe. Ich fühlte mich energielos, mein Körper war angespannt. Ich war absolut nicht in meiner Kraft. Ich hatte durch die zunehmenden Anforderungen des Alltags sowie den Ansprüchen an mich selbst den unmittelbaren Draht zu meinem Körper verloren. Ich ging zu einer Therapeutin meines Vertrauens, die mittels Biofeedbackmethode herausfinden sollte, was die Ursache meiner Symptome sei. Ich war schon sehr gespannt auf die Auswertungen der Therapeutin. Ich hatte im Vorfeld selbst schon alle möglichen Diagnoseergebnisse durchgespielt. Bestimmt hatte ich einen Vitaminmangel, vielleicht einen Eisenmangel. Oder ich war von Parasiten befallen, die mir meine Energie buchstäblich wegfraßen. Aber nein. All das war es nicht. Das, was mir meine Therapeutin als Antwort gab, war: Erschöpfungszustand, der die Folge eines längeren, erhöhten Stresslevels war. Sie verordnete mir Schlaf. Mehr nicht. Ich erinnere mich noch genau an ihre Worte: »Geh nach Hause und schlafe so oft und wann immer du nur kannst.« Das machte ich. Ich schlief und schlief und schlief, so oft und wann ich nur konnte. Und während ich schlief, kamen mein Körper und Geist mit den in mir vergrabenen Yin-Qualitäten wieder in Kontakt. Er erinnerte sich wieder an sie. Die Heilung geschah tatsächlich im Schlaf. Erst danach waren weitere Schritte möglich. Erst jetzt konnte ich wieder klarer denken, meinen Tagesablauf umstrukturieren und mich mit meinen urweiblichen Bedürfnissen versöhnen.

In meinen Frauenseminaren ist gut zu beobachten, wie erschöpft sich die meisten Frauen fühlen. Wenn wir eine ganze Woche im Seminar miteinander verbringen, wäre es gut, wenn ich die ersten Tage nur zum Schlafen zur Verfügung stellen würde. Nach dem Aufholen des meist vernachlässigten Schlafbedürfnisses könnte tatsächlich intensives Arbeiten stattfinden. Während der ersten Seminartage schlafen die meisten Frauen schon in den ersten Minuten einer geführten Meditation ein. Ich lasse sie schlafen. Denn ich weiß, wie wichtig und heilsam tiefer Schlaf für eine gestresste Frau sein kann.

Schlaf und Erholung sind lebenswichtig für uns Menschen. Wenn wir gut schlafen, arbeiten Gedächtnis, Gehirn und Immunsystem besser. Erholsamer Schlaf sorgt für bessere Stimmung, größere körperliche und seelische Widerstandskraft, mehr Gelassenheit und Energie im Alltag. Alles funktioniert besser, wenn dein Körper während des Schlafs seine Reparaturarbeit leisten kann. Für Energie im Alltag und mehr Gelassenheit solltest du dir ausreichend Schlaf gönnen. Heilsamer Schlaf tut deiner Gesundheit, deiner Vitalität und allen anderen Ebenen deines Lebens gut.

— Frage dich: »Wird irgendjemand sterben, wenn ich das jetzt nicht mache?« —

Falls du dich in der Nacht um kleine Kinder kümmern musst, dann solltest du dir andere Möglichkeiten suchen, um diesen Schlaf nachzuholen. Baue dir ein Netzwerk auf. Ob es Großeltern, Partner oder Freundinnen sind. Wechselt euch mit der Kinderbetreuung ab. Und das Wichtigste: Wenn dein Kind am Tag ein Mittagschläfchen macht, setze dich derweilen nicht an deine E-Mails oder räume die Küche auf, sondern nutze die Zeit zum Schlafen.

Verzichte nicht auf Schlaf, nur weil noch so viel auf deiner To-do-Liste steht. Viele Frauen stehen immer früher auf und gehen immer später ins Bett, um auch ja alles unter einen Hut zu bringen. Ich kann mich sehr gut an eine Klientin erinnern. Als sie zu mir in die Praxis kam, war ihr Energielevel am unteren Limit. Charlotte hatte vier Kinder und arbeitete nebenbei in der Arztpraxis ihres Mannes. Bis alle Kinder im Bett waren, war es meist 21:30 Uhr. Anstatt sich die wohlverdiente Ruhe am Abend zu gönnen, holte Bettina den Staubsauger heraus und begann, die Böden zu saugen. Bis alles zusammen-

Female-Empowerment-Tipp

Morgen- und Abendritual

AM ABEND: Sitze eine Stunde vor dem Zubettgehen nicht mehr bei hellem Licht. Vor allem nicht mehr vor dem Computer. Dein Gehirn bekommt so die Möglichkeit, nach und nach zur Ruhe zu kommen. Spätestens um 22:30 Uhr solltest du ins Bett gehen. Dein Körper benötigt die Regenerationsmöglichkeit vor Mitternacht. Übergehst du diesen Punkt, bekommst du noch einmal einen Energieschub, der dich bis 1:00 oder 2:00 Uhr nachts durcharbeiten lässt. Dir fehlt jedoch eine wichtige Zeit der Erholung. Nach und nach verlierst du mehr und mehr an Energie.

AM MORGEN: Von Vorteil ist es, wenn du jeden Morgen zur selben Zeit aufstehst und möglichst rasch Tageslicht oder Sonne tanken kannst. Licht erhöht den Anstieg des Glückshormons Serotonin und zerstört das Schlafhormon Melatonin. Somit kommen wir leichter in die Gänge und starten energievoll in den Tag. Am besten gleich morgens das Fenster öffnen, ein paar Atemzüge machen und den Körper bewegen.

geräumt war und sie auch noch die Wäsche aufgehängt hatte, war es meist 01:00 Uhr in der Früh. Die Nacht war zu kurz, um sich zu erholen. Das erste Kind weckte sie bereits um 05:30 Uhr aus ihrem heilsamen Schlaf. Regeneration war nicht mehr möglich. Zahlreiche Studien bestätigen aber, dass Schlaf für Energie und Gesundheit unverzichtbar ist. Gerade erschöpfte Frauen sollten ihn auf ihre oberste Prioritätenliste setzen.

Wenn die Antwort »Ja« lautet, dann bleibe länger auf, um das zu erledigen.

Wenn die Antwort NEIN lautet, dann gehe schlafen![9]

Viele Frauen bedauern, dass sie gar nicht mehr schlafen könnten. Sie finden in der Nacht nicht mehr in den ersehnten tiefen Schlaf, den sie sich wünschen und den sie auch brauchen. Für einen erholsamen Schlaf ist es wichtig, dass du nach und nach wieder zu deiner Entspannung und inneren Ruhe findest. Lege deshalb bewusst Zeiten ein, um zur Ruhe zu kommen. Mache Yoga oder meditiere. Mache jeden Tag die tiefe Bauchatmung, die du ein paar Mal in den Tagesablauf integrierst. Am besten 20-mal tief ein- und ausatmen. Schöpfe Kraft aus der Natur. Praktiziere Achtsamkeitsübungen. Und lies auf jeden Fall dieses Buch zu Ende! Dies alles unterstützt einen heilsamen Schlaf.

Kraft aus der Natur schöpfen

Die Natur ist Ausdruck der weiblichen Energie. Wenn wir uns in der Natur aufhalten, fällt es uns besonders leicht, in Kontakt mit unserer weiblichen Energie zu kommen. Bewegen sich Frauen viel in der Natur, dann kann die weibliche Energie der Natur die weibliche Energie der Frau harmonisieren. In früheren Kulturen lebten die Menschen in Einklang mit der Natur. Sie erlebten das Gefühl, dass alles zusammengehört und miteinander in Verbindung steht.[10] Um unser Yin zu nähren, sind Aufenthalte in der Natur unerlässlich. Oft braucht es dazu einfach ein Wahrnehmen mit allen Sinnen. In der Natur fällt es uns besonders leicht, unseren Stresspegel zu senken, nach innen zu lauschen und uns tief zu entspannen.

Ich hatte diesbezüglich ein Schlüsselerlebnis, als wir mit unseren drei Kindern unsere große Reise nach Norden antraten. Wir nutzten die Sommermonate, um mit unserem Wohnmobil durch Europa zu reisen. Unsere Reise führte uns nach Dänemark und Schweden. Sie nahm mehrere Wochen in Anspruch. Wir reisen am liebsten ohne Zeitdruck. Dank der österreichischen Sommerferien, die neun Wochen lang sind, haben wir den auch nicht. In Dänemark angekommen, erfragten wir in einem Reisebüro einen Campingplatz, der etwas abgelegen und naturnah sein sollte. Die Dame im Reisebüro empfahl uns einen »abgelegenen« Campingplatz. Doch mit dem, den sie uns empfohlen hatte, rechneten wir nicht. Abgelegen war dieser im wahrsten Sinne des Wortes. Wir konnten ihn nämlich nur erreichen, indem wir direkt durch das Meer hindurchfuhren. Mitten im Watt liegt eine Insel namens Mandø mit nur 35 Inselbewohnern. Die Insel kann nur zweimal am Tag mit dem Auto erreicht werden, nämlich dann, wenn der Wasserspiegel sinkt und die Schotterstraße sichtbar wird. Lässt man sich beim Hinüberfahren zu viel Zeit, versinkt man samt Auto im Meer. Anfangs war es ein seltsames Gefühl auf der Insel zu sein und mit unserem Wohnmobil dort festzusitzen. Es gab genau ein Geschäft, das gleichzeitig Rezeption des Campingplatzes, Post und Kaffeehaus war. Sehr klein versteht sich. Es war ein eigenartiges, doch gleichzeitig unglaublich befreiendes Gefühl. Wir konnten dort tatsächlich nichts machen, außer die Natur zu erkunden. Und genau da geschah etwas mit uns, das sich unglaublich gut anfühlte. Wir verloren uns in der Natur. Im Watt. Muscheln, Schlamm, Wind und viele Heuballen nahmen uns in ihre Mitte und ließen uns zeitlos in uns selbst versinken. Schon lange hatten wir uns alle nicht mehr so frei, so unglaublich leicht gefühlt. Es gab nichts, das uns in diesen Tagen glücklicher hätte machen können. Mein Blick fiel stundenlang auf das glitzernde Wasser und die goldgelbe Sonne. Ich spürte, wie die Entspannung in jeder Zelle meines Körpers platznahm. Warum eigentlich?

Zahlreiche Studien belegen mittlerweile, welch entspannenden Effekt die Natur auf uns hat. Gleichzeitig wird unser Energietank enorm gefüllt. Dieser Effekt geht sogar so weit, dass auch Poster von Bäumen oder Bächen an der Wand eines Krankenzimmers die Genesung des Patienten beschleunigen können. Sie lindern Schmerzen und das allgemeine Befinden des Krankenhausaufenthaltes wird im Positiven beeinflusst. Sehen wir uns an, was geschieht, wenn wir uns in der Natur aufhalten.

Der positive Effekt der Natur

Die Natur ist das, was unseren alten Gehirnregionen bekannt ist. In der Natur kennt sich unser Gehirn aus. Es hatte Millionen von Jahren Zeit, sich daran zu gewöhnen, wie Natur funktioniert. Es hat gelernt, zu sehen, wo tatsächlich Gefahren drohen. Es weiß, wann wir in den Entspannungsmodus umstellen können. Unsere tiefen Gehirnregionen stellen vor allem auf Entspannung um, wenn sie das Zwitschern der Vögel hören. Auch, wenn wir uns im Wald an einer Lichtung aufhalten, am Meer, an einem ruhigen See, dessen Wasser glitzert oder beim Anblick einer Blumenwiese. Warum gerade dort? Das würde ein Biologe recht pragmatisch erklären: Das Zwitschern der Vögel verrät uns, dass kein Säbelzahntiger in der Nähe ist, es gibt etwas zu essen und auch zu trinken. Denn dort, wo sich Vögel aufhalten und fröhlich vor sich hin trällern, gibt es in der Regel Samen und Beeren zu essen, es gibt Wasser und es ist im Normalfall kein wildes Tier in der Nähe. Ansonsten würden die Vögel kreischend davonfliegen. Am Meer oder See gibt es in der Regel Fische zu essen und auch Frischwasser in der Nähe. Vor allem glitzerndes Wasser wirkt nachweislich sehr beruhigend auf uns Menschen. In alten Zeiten musste schon von Weitem erkannt werden, ob Frischwasser in der Nähe ist, und das konnte vor allem durch das Geglitzer leichter erkannt werden. Sehen wir eine Blumenwiese, bedeutet das ebenso, dass Essen in der Nähe ist, es wurden z. B. die Blütenpollen verzehrt oder der Honig von den Bienen vernascht. Die Menschheit hat sich in den letzten Jahrmillionen nicht in Betonklötzen entwickelt, sondern mitten in der Natur.

In Studien wurde nachgewiesen, dass auch große Parks einen entspannenden Effekt ausüben. Es muss nicht immer der Wald oder das Meer sein. Aber wir Menschen brauchen die Natur, damit wir unsere tiefen Gehirnregionen beruhigen können. Damit der Stress, der durch ständige Dringlichkeitslawinen in der Arbeit oder zu Hause ausgelöst wird, nachlässt, brauchen wir Wiesen, Wald und Wasser.

In Großstädten, in denen kaum noch Natur zu finden ist, werden uns die Auswirkungen bereits deutlich vor Augen geführt, wie z. B.

Die Menschheit hat sich in den letzten Jahrmillionen ***nicht in Betonklötzen entwickelt****, sondern mitten in der Natur.*

Gut zu wissen

Auch in unserer modernen Welt reagieren wir den größten Teil des Tages wie unsere Vorfahren in der Urzeit. Auch wenn wir satt sind und uns kein wildes Tier fressen kann, vermittelt uns das glitzernde Wasser oder das Vogelgezwitscher Sicherheit. Es vermittelt uns: »Es gibt zu essen, es gibt zu trinken. Es ist kein wildes Tier in der Nähe. Kurz: Dein Überleben ist gesichert.«

in den großen Städten Südkoreas. Großstädte, in denen viel Zeit mit digitalen Medien verbracht wird, vorwiegend Yang-Aspekten Beachtung geschenkt wird und kaum Ausgleich dazu vorhanden ist. Das bedeutet Stress pur. Menschen stürzen sich aus Hochhäusern, Kinder begehen Selbstmord. Der Stress in diesen Körpern nimmt so überhand, dass er nicht mehr zu ertragen ist. In diesen Städten wurde das Yin-Prinzip vollkommen zurückgedrängt.

Biophillia

Eine besondere Stellung in der Natur nimmt der Wald ein. Clemens Arvay beschreibt in seinem Buch »Der Biophillia-Effekt«, dass im Wald sogenannte Terpene zu finden sind. Wir nehmen sie über unsere Haut, aber vor allem auch über unsere Lungen auf. Terpene strömen gasförmig aus den Baumstämmen, aus der dicken Borke mancher Bäume, aus Blättern und Nadeln der Bäume. Sie werden ebenso von Kräutern, Büschen, Sträuchern, Pilzen, Moosen und Farnen abgegeben. Im Wald scheint uns ein riesengroßer, atmender Organismus zu umgeben. Einige dieser Terpene interagieren auf höchst gesundheitsfördernde Weise mit unserem Immunsystem. Wenn wir

Baummeditation

Nimm dir ein paar Minuten Zeit, um bei dir anzukommen. Schließe deine Augen.

Nimm deinen Atem wahr. Genieße den Moment im Sein. Stell dir vor, du kommst an eine Lichtung. Du siehst einen wunderschönen, gesunden Baum vor dir. Vielleicht erinnerst du dich an einen Baum, der dich beeindruckt hat oder den du gelegentlich aufsuchst. Sieh dir diesen Baum genau an.

In welcher Jahreszeit befindest du dich? Hat dein Baum Blätter oder Nadeln? Wie sieht dein Baum aus? Bewegt er sich im Wind? Kannst du auch etwas riechen?

Nimm alles wahr, was du erlebst: Die Wärme der Sonne auf deiner Haut, die Farben, Formen, Geräusche wie das Zwitschern der Vögel, den Geruch der Erde. Schaue dir in Ruhe alles an deinem Baum an. Wie sieht die Umgebung aus? Befindet sich Gras oder Waldboden um den Stamm? Kannst du Wurzeln erkennen? Wie sieht die Baumrinde aus? Kannst du sie berühren und fühlen?

Gehe zu deinem Baum und lehne dich gedanklich mit deinem Rücken an seinen Stamm. Spüre die Stärke des Baumes in dir. Spüre, wie du dich mit der Natur verbindest. Fühle deinen festen Stand. Nimm bewusst den Halt wahr, den du mit deiner Verbindung zum Baum aufgebaut hast. Nimm jetzt bewusst wahr, wie mit jedem Einatmen die Energie aus der Erde in dein Inneres aufsteigt. Die Kraft der Erde nährt dich, füllt dich mit frischer Energie und schenkt dir Lebensenergie. Genieße für eine Weile die tiefe Verwurzelung mit der Erde, während du dich innerlich völlig gelassen und entspannt fühlst.

Dann komme mit deiner Aufmerksamkeit wieder zurück in dein Alltagsgeschehen. Nimm ein paar tiefe Atemzüge, öffne deine Augen und schüttele deinen Körper ein wenig durch. Fühle dich erholt und gestärkt für das, was kommen mag.

Terpene im Wald einatmen, steigt die Anzahl unserer Killerzellen, die lebenswichtige Dienste an unserer Gesundheit leisten, an. Bereits ein einziger Tag in einem Waldgebiet steigert die Zahl der natürlichen Killerzellen in unserem Blut um fast 40 Prozent. Nach einer Auszeit von zwei bis drei Tagen im Wald bleibt die Anzahl der natürlichen Killerzellen noch dreißig Tage lang erhöht. Wenn du nicht viel Zeit hast, dann tut es auch ein Waldspaziergang. Ein ausgedehnter Spaziergang im Wald erhöht die Aktivität deiner natürlichen Killerzellen für etwa sieben Tage.

Achtsame Wohlfühloasen

Viele Frauen versuchen mit Konzepten, die den analytischen Verstand ansprechen, ihr Leben und ihre Symptome in den Griff zu bekommen. Sie nehmen sich fest vor, gelassener durch den Alltag zu gehen. Sie nehmen sich vor, gesünder zu leben, ausgeglichener zu sein, weniger mit ihren Kindern zu schimpfen oder weniger Stress zu haben. Aber es will ihnen einfach nicht gelingen. Warum nicht? Weil sie nicht gelernt haben, gut auf sich selbst zu achten, sich Zeiten des Rückzugs zu gönnen, ihren Körper und Geist zu entspannen und achtsam durch den Tag zu gehen. Sie haben nicht gelernt oder wieder verlernt, ihre Bedürfnisse ernst zu nehmen und ihnen genügend Raum einzugestehen. Immer mehr Frauen leben gegen ihre Natur und leben nach den Normen einer leistungsorientierten Gesellschaft.

Diese Ruhezeiten müssen nicht zwingend ruhige Betätigungen sein. Das kann auch ausgelassenes Tanzen oder Ähnliches sein.Wichtig ist nur, dass du mehr von den Dingen machst, die dir wirklich guttun und dich tief entspannen lassen. Beispielsweise ein Spaziergang im Wald, schwimmen im See, ein Gespräch mit einer guten Freundin, in Ruhe eine Tasse Tee trinken, gut und langsam essen, heilsamer Schlaf, regeneratives Yoga oder Gartenarbeit.

Frage dich auch, ob dir deine Arbeit guttut und dich ausfüllt. Ob sie dir Energie gibt! Tut es dir gut, was du täglich leistest? Nur so wird das größtmögliche Potenzial gelebt, die Lebensqualität deut-

Female-Empowertment-Tipp

Pflanzenkraft

Zahlreiche wissenschaftliche Untersuchungen bestätigen, dass allein der Ausblick ins Grüne oder auf eine Zimmerpflanze zu einer schnelleren Genesung nach Operationen, zu Stressreduktion und Entspannung führen. Ebenso zu mehr Freude und weniger Frustration. Wenn du es nicht regelmäßig schaffen solltest, in den Wald zu gehen, dann hänge zumindest Fotos, die die Natur oder Wildnis zeigen, an die Wand. Wissenschaftler fanden heraus, dass dies für unsere Psyche annähernd förderlich wirkt, wie die Natur selbst. Das soll natürlich keine Ausrede dafür sein, tatsächlich in die Natur zu gehen. Aber wenn du, warum auch immer, nicht rauskommst, so empfiehlt es sich, auf diese Weise dem Körper einen Ausgleich anzubieten.

lich verbessert. Und dies trägt wiederum dazu bei, deinen Stress zu mindern.

Bei meiner Klientin Frieda gehörte das Ergründen ihrer persönlichen Wohlfühloase zu einem wichtigen Schritt auf dem Weg in ihr kraftvolles, authentisches Leben. Während der Suche danach galt es, sehr achtsam auf sich und ihre Bedürfnisse zu achten. Frieda nahm meine Beratung in Anspruch, da sie an Energiemangel und Traurigkeit litt. Sie hatte zu diesem Zeitpunkt das Gefühl, dass die Dinge, die sie machte, sie nicht mit Sinn erfüllten. Sie war alleinerziehende Mutter, versorgte ihre beiden Kinder und war Vollzeit in einer sozialen Einrichtung angestellt. In den Sommerferien fuhren ihre beiden Kinder für zwei Wochen in ein Ferienlager. In diesen Tagen übernahmen ihre Energielosigkeit und Traurigkeit die Kontrolle über sie. Sie legte sich nach der Arbeit gleich ins Bett und verbrachte viele Stunden darin, meistens durchs Fernsehprogramm zappend. Gleichzeitig plagte sie ein schlechtes Gewissen. Endlich waren ihre Kinder nicht zu Hause und sie hätte ihre Zeit sinnvoll nutzen können. Sie ärgerte sich über sich selbst, da sie ihre wertvolle Zeit im Bett verbrachte. Andererseits hatte sie gelesen, dass es so wichtig sei, sich Auszeiten zu nehmen und tagelang auch einmal nur im Bett zu verbringen. Sie war hin- und hergerissen, als sie zu mir in die Praxis kam. Wir machten uns auf die Suche. Was war es, was Frieda wirklich guttat und ihre Batterien wieder auffüllen konnte? Was machte ihr tatsächlich Freude? Im Gespräch kamen wir auf den Wald. Früher war sie gerne in den Wald gegangen. Jetzt fand sie kaum noch Zeit dafür. Auch wenn sie wusste, dass er ihr guttat, konnte sie sich nicht überwinden, ihn aufzusuchen. Nach unserem Gespräch nahm sie sich vor, am nächsten Tag einen Spaziergang in der Natur zu machen. Im Wald angekommen überkam sie ein tiefes Glücksgefühl. Ihre Tränen begannen zu fließen. Sie hatte das Gefühl, ihr Körper wusch sich im Wald sauber. Sie musste sich in den Wochen danach immer wieder überwinden, in den Wald zu gehen. War sie aber erst dort, überkam sie ein unglaublich tiefes Gefühl der Zufriedenheit. Dieses Gefühl nahm sie nach und nach in ihren Alltag mit. Mit der Zeit spürte sie immer besser, was ihr wirklich guttat und sie tief entspannen ließ.

Du siehst, ist es unumgänglich, dass du nach und nach deine persönlichen Wohlfühloasen wiederentdeckst.

Ein Tipp: Oft spürt man die positive Wirkung einer Aktivität erst im Nachhinein. Somit ist es wichtig, dass du auch nach der Aktivität einen Unterschied in deinem Energielevel feststellst. Denn nicht alles, was gerade eben Spaß macht, muss dir zwingend auch guttun. Das können wir an Kindern beobachten, die an einer Spielkonsole sitzen. Momentan sieht es vielleicht so aus, als hätten sie Spaß daran, und den haben sie meistens ja auch. Aber im Nachhinein, wenn sie zu lange am PC gesessen sind, reagieren sie zickig, werden aggressiv oder sind einfach nicht ganz da. Ihre Energiereserven wurden angezapft.

Hätte Frieda nach den Tagen vor dem Fernseher im Bett das Gefühl gehabt, dass sie sich tief entspannen konnte und sich ihre Energiereserven aufgefüllt hätten, hätte ich sie dazu animiert, weitere Tag im Bett zu verbringen. Aber es war der Wald, der ihr wirklich guttat.

So ist es bei dir vielleicht die Gartenarbeit, eine Massage oder regeneratives Yoga. Dies herauszufinden liegt an dir.

Und all das ändert sich natürlich auch immer wieder im Laufe eines Lebens. Ich möchte dich dazu einladen, wirklich mit dir selbst und deinen Bedürfnissen in Kontakt zu kommen. Es gibt hier keine klaren Regeln, die für alle gelten. Wir befinden uns auf der Ebene des Yin. Wir finden hier keine gleichbleibenden Regeln, Statistiken oder Tabellen, an denen du dich orientieren kannst. Hier finden wir den achtsamen Umgang mit dir selbst. Ein leises Hinhören, ein Stehenbleiben im Hier und Jetzt. Ein Wahrnehmen deiner ganz eigenen Bedürfnisse.

Ich zum Beispiel liebe es, mich zu bewegen. Am liebsten bewege ich mich im Wald. Ich bin keine Läuferin und werde es in diesem Leben auch nicht mehr werden. Aber ich liebe es, im Wald zu walken. Gern auch steil bergauf. In meiner Heimat bin ich von Bergen umgeben. Somit lege ich täglich einige Höhenmeter zurück, wenn ich in den Wald gehe. Nach ein bis zwei Stunden fühlt sich mein Körper wie

Female-Empowerment-Tipp

Wohlfühloasen

Sich im Alltag achtsame Wohlfühloasen zu erschaffen, ist ein wesentlicher Schritt in die richtige Richtung. Es ist ein Stehenbleiben und Hinhören, ein achtsames Nachspüren, was einem in diesem Moment guttut. Was einen tief entspannen und die Batterien wieder aufladen lässt.

Gut zu wissen

Der Sympathikus fährt den Organismus hoch und macht ihn leistungsfähig, während der Parasympathikus ihn bei Bedarf wieder herunterfährt. Der Sympathikus wird vor allem dann aktiviert, wenn der Körper in Stresssituationen gerät oder sehr viel leisten muss. Beim Ausführen von Leistungssport, schnellem Sprinten oder Wettkampfsportarten wird der Sympathikus ebenso hochgefahren. Spannung löst Adrenalin aus und aktiviert den Sympathikus. Liegt jedoch schon eine Sympathikusdominanz vor und der Körper befindet sich unter Dauerstress, können sich die erwähnten Sportarten hinderlich auswirken und nicht in die erwünschte Entspannung führen. Gerade auf Frauen, die unter Stress stehen, wirken sich sogenannte Yin-Sportarten wie z.B. Qi-Gong, Yin Yoga oder moderates Walken in der Natur positiv aus.

neu geboren an. Aber diese Art sich zu bewegen muss nicht zu jedem oder in jede Lebenssituation passen. Als ich mich mitten in meiner Krise befand, wirkte sich das tägliche, steile Bergaufgehen im Wald hinderlich auf mein Energielevel aus. Es dauerte, bis ich mir dessen bewusst wurde. Ich fühlte mich zu dieser Zeit nach meiner Waldrunde tatsächlich geschwächter als zuvor. Mein Körper, der in dieser Zeit schon am Limit war, wurde durch die intensive Bewegung noch mehr geschwächt. Erst nach und nach spürte ich durch einen achtsameren Umgang mit mir, dass ich in dieser Zeit nur moderate Bewegung annehmen konnte. Langsames Gehen war das, was meinen Körper in dieser Zeit stärkte. Erst nach einigen Monaten, nachdem sich mein System wieder erholt hatte, konnte mein Körper auch die intensivere Bewegung wieder annehmen.

Wenn wir schon beim Thema Bewegung sind

Bewegung, die dir guttut, baut Stress ab und wirkt sich positiv auf deine Gesundheit aus. Zu viel an Bewegung, wie extremer Leistungssport, kann sich aber auch hinderlich auf dein Stressniveau auswirken. Höre nicht auf die neuesten Trends diverser Fitnesszeitschriften. Bewege dich in einer Form, die dir guttut und dich nährt und stärkt.

Bis zu 20 Kilometer sind unsere Vorfahren täglich gelaufen, um etwas zu essen zu finden. Jetzt bewegen wir uns durchschnittlich 600 bis 800 Meter pro Tag. Obwohl unser Körper unglaublich kompensationsfähig ist, kann er diesen unnatürlichen Lebensstil nicht ausgleichen. Wir werden früher oder später die Folgen zu spüren bekommen.

Baue Bewegung in deinen Alltag ein. Das könnte beispielsweise wie folgt aussehen:

- Nimm statt des Aufzugs die Treppe.
- Lasse das Auto stehen und schwinge dich auf dein Rad oder gehe die Strecke zu Fuß.
- Stehe während des Arbeitens am Schreibtisch immer wieder auf. Dehne und strecke dich und mache ein paar Hampelmannsprünge.
- Besorge dir einen dynamischen Stuhl als Bürostuhl. Lasse dich im Fachhandel beraten. Dein Körper ist für Bewegung geschaffen und braucht sie auch.
- Gehe ein paar Runden um den Häuserblock. Einfach so.
- Praktiziere in der Früh für 15 Minuten Yoga.

Zusammenfassung

Wenn wir unser momentanes gesellschaftliches Treiben ansehen, erkennen wir, dass unsere Welt stark im Ungleichgewicht liegt. Denn die Werte des Yang-Prinzips werden in unseren Organisationen, Schulen und mittlerweile auch im Privatleben hochgehalten.

Gelassenheit, Achtsamkeit, Ruhe, Innenschau, Intuition, Sinnlichkeit, Meditation und Kreativität gehören zu Yin-Qualitäten. Sie machen die Yang-Aktivitäten erst richtig stark. Genau diese Yin-Qualitäten tun Frauen so gut. Sie sind uns Frauen nahe – oder vielmehr entspringen sie aus uns.

Kümmere dich ab heute ganz bewusst um deinen inneren Raum. Lege vermehrt »Time-in-Zeiten« ein. Eben Yin-Zeiten. Du betrittst sie in Form von Meditation, Achtsamkeit, Atembeobachtung und Stille. Ebenso nähren Zeiten deiner Kreativität, Massagen, Tanzen, Sex oder moderate Bewegung in der Natur dein Yin. All das, was dich tief entspannen lässt, nährt dein Yin.

Dein Körper ist dein bester Freund auf dem Weg in dein kraftvoll authentisches Leben als Frau. Er hilft dir, nach innen zu lauschen, deine Körpersymptome und Gefühle besser zu verstehen und deine weiblichen Qualitäten wieder zu leben. Gerade, wenn zeitgleich unterschiedlichste Anforderungen in Familie und Beruf auf dich einströmen, ist es unerlässlich, ein gutes Körpergefühl zu entwickeln, um in Kontakt mit dir selbst zu sein.

Eine wunderbare Möglichkeit, um in »Time-in«-Zeiten die Yin-Seite zu nähren, ist die Meditation. Meditation hat sehr viele Formen. Jede Frau ist einmalig und so sprechen auch jede von uns andere Methoden an, um nach innen zu gehen.

Mit tiefen, langen Atemzügen vermitteln wir unserem Körper, dass wir in Sicherheit sind. Mit deren Hilfe haben wir direkten Einfluss auf ein erhöhtes Stressniveau. Praktiziere täglich die tiefe Bauchatmung. Über deinen Atem kannst du unglaublich schnell Stress reduzieren und deinen Körper entspannen. Er ist die erste und beste Möglichkeit, um in eine Meditation einzutauchen. Du brauchst dafür nicht viel Zeit. Über deinen Atem gelingt es besonders leicht, im modernen und hektischen Alltag ins Hier und Jetzt zu kommen, dich und deinen Körper bewusst wahrzunehmen und dein Yin zu nähren.

Schlaf und Erholung sind lebenswichtig für uns Menschen. Wenn wir gut schlafen, arbeiten Gedächtnis, Gehirn und Immunsystem besser. Erholsamer Schlaf sorgt für bessere Stimmung, stärkere körperliche und seelische Widerstandskraft, mehr Gelassenheit und Energie im Alltag.

Gelassenheit gehört zu ursprünglich weiblichen Qualitäten. Gelassenheit ist ein tiefes, inneres Gefühl der Ruhe und Zufriedenheit. Gelassenheit ist eine innere Einstellung. Wir könnten sie auch als Gegenteil von Unruhe, Aufgeregtheit, Nervosität und Stress bezeichnen. Darin liegen eine enorme Stärke und Kraft, die uns vor allem in unserem geschäftigen Alltag große Dienste leisten können.

Die Natur ist Ausdruck der weiblichen Energie. Wenn wir uns in der Natur aufhalten, fällt es uns besonders leicht, in Kontakt mit unserer weiblichen Energie zu kommen. Um unser Yin zu nähren, sind Aufenthalte in der Natur unerlässlich. In der Natur fällt es uns besonders leicht, unseren Stresspegel zu senken, nach innen zu lauschen und uns tief zu entspannen.

Sich im Alltag achtsame Wohlfühloasen zu erschaffen, ist ein wesentlicher Schritt in die richtige Richtung. Es ist ein Stehenbleiben und Hinhören, ein achtsames Nachspüren, was dir in diesem Moment guttut, was dich tief entspannen lässt und deine Batterien wieder auflädt.

Im Hier und Jetzt ankommen

Ausgleiche finden

In meinen Kursen und Beratungen kann ich beobachten, dass viele Frauen nicht mehr wissen, wie das mit dem »Runterkommen« funktionieren soll. Hierbei geht es vor allem darum, viel mehr **»zu sein«** als »zu tun«. Wir sind menschliche Wesen. Mensch heißt im Englischen immerhin **»human being«** und nicht »human doing«![11]

Dabei soll gegenüber dem Tun kein Urteil gefällt werden. Dinge zu erledigen und geschäftig zu sein, ist gut und wichtig. Jedoch sind wir aus dem Gleichgewicht geraten. Das Tun bestimmt immer mehr unser Leben und das Sein hat keinen Platz mehr. Pausen, Langsamkeit und Zeiten, in denen wir keine Ziele verfolgen, kommen uns im Alltag abhanden. Wenn du aus dem Hamsterrad aussteigen möchtest, deinen Stress mindern und deine weibliche Natur nähren und stärken willst, ist es unerlässlich, im Hier und Jetzt anzukommen. Stehen bleiben, Nachspüren und Annehmen dessen, was ist. Wir finden den gegenwärtigen Moment in seiner vollen Pracht und Schönheit. Wir kommen vom Tun ins Sein. Das Sein ist das Wesentliche. Das Wesentliche ist das, was uns glücklich und gesund macht. Im Hier und Jetzt anzukommen bedeutet, mit dem mitzugehen, was sich gerade zeigt.

Räume schaffen

Gerade als ich diese Zeilen schreibe, läutet mein Handy am Schreibtisch. Normalerweise hebe ich nicht ab, wenn ich im Schreibprozess bin. Ich blicke kurz auf das Display, um abzuchecken, ob der Name eines meiner Kinder aufleuchtet. Kein Kind. Ein anderer Name blinkt auf. Es ist Laura. Eine meiner langjährigsten Freundinnen. Normalerweise würde ich später zurückrufen, aber in diesem Fall hebe ich sofort ab. Laura ging es in den letzten Wochen sehr schlecht. Sie war völlig ausgebrannt und leer. In unserem vorigen Gespräch erzählte sie mir, dass es sich so anfühlte, als würde sie in einem tiefen, dunklen Loch sitzen und sie wüsste nicht, wie sie herauskommen sollte. Du musst wissen, Laura ist eine überaus attraktive Person. Sie ist Ayurvedaexpertin. Ihr Körperbau zierlich, ihre Bewegungen graziös. Und doch fällt es ihr so schwer, vom Tun ins Sein zu kommen. Ihr Terminkalender ist zum Bersten voll. Die Nachfrage nach ihren Kursen enorm hoch.

Gerade jetzt am Telefon will sie mir nur mitteilen, dass es ihr heute zum ersten Mal wieder etwas besser geht. Und dass sie so unglaublich dankbar dafür ist, dass es mich gibt. Ich biete ihr einen Raum an, in dem sie so sein darf, wie sie ist. Mit all ihren Eigenheiten, Ticks und Fehlern. In diesem Raum geht es ihr gut. Dieser Raum nährt sie auf einer tieferen Ebene. Und das hat einen wesentlichen Teil dazu beigetragen, dass es jetzt wieder heller und freundlicher in ihr ist.

Das rührt mich zu Tränen. Ich hatte in den letzten Wochen immer wieder ein schlechtes Gewissen, da ich nicht wusste, wie ich Laura am besten aus ihrer verzweifelten Lage helfen konnte. Ich hätte gerne die richtigen Fragen gestellt oder sie gecoacht, wie ich es in meiner Beraterausbildung vor vielen Jahren gelernt habe. Aber anscheinend brauchte sie all das nicht von mir. Ihr war geholfen, wenn sie diesen Raum betreten konnte. Einen Raum, den sie selbst gerade nicht in der Lage war zu erschaffen. Zumindest keinen Raum, der hell und wohlig warm war, in dem es freundlich war.

In diesem Moment wird mir bewusst, welche enorme Kraft sich dahinter verbirgt. Wir Frauen spüren und erleben uns über den Raum. Wir spüren unsere Weiblichkeit über den Raum, den wir uns bewusst gestalten. Dieser Raum entsteht nicht dadurch, dass wir etwas tun. Sondern durch bewusste Anwesenheit. Indem wir bewusst da sind. Wir nähren und wir hüten diesen Raum durch unsere Präsenz. Und so spüren wir, dass sich augenblicklich etwas in uns entspannt.

Ich hatte vor einiger Zeit darüber im Buch *»Raum für deine innere Frau« gelesen. Jetzt konnte ich diesen Raum klar und deutlich spüren. Die Autorin bringt es so wunderbar auf den Punkt: »Frau sein heißt, dass du durch deine bewusste Anwesenheit den Raum hütest und nährst, in dem sich das befindet, womit du dich bewusst befruchten ließest. Nicht, indem du etwas tust. Sondern indem du bewusst da bist. Frauen spüren sich über den Raum, den sie hüten, innen und außen. Einen Raum zu hüten und alles, was darin ist, zu nähren, das ist weibliche Aufgabe, wie immer sie sich dann im Außen darstellt. Die Welt braucht ganz bestimmt mehr Räume für Glück, Gesundheit, Zärtlichkeit und Wohlstand. Es ist die Aufgabe der Frauen, diese Räume zu erschaffen – die der Männer, sie zu schützen. Einer muss anfangen, und das sind wir. Denn wenn wir diese Räume nicht erschaffen, gibt es auch nichts zu beschützen.«* [12]

In diesem Moment wird mir bewusst, wie wertvoll diese Räume sind, die wir Frauen erschaffen können. Egal, wie diese Räume auch aussehen. Egal, wie du dein Frausein lebst. In einem großen Haus oder einer Singlewohnung. Ob in einer Beziehung lebend, als alleinerziehende Mutter, ob du Frauen liebst oder Männer, ob du Ehefrau bist oder Geliebte, ob du Kinder hast oder nicht, ob du eine Führungsposition hast oder Hausfrau bist. Das spielt keine Rolle. Es geht um das Bewusstsein des Raumes, den du erschaffst. Egal, ob energetisch oder physisch. Und manchmal braucht es eben nicht mehr. Es entspannt auch mich zutiefst zu spüren, wie wertvoll dieser Raum für meine Freundin Laura war.

Wir Frauen
spüren und erleben
***uns über den Raum**.*
Wir spüren
unsere Weiblichkeit
über den Raum,
den wir uns
bewusst gestalten

Achtsamkeit im modernen Alltag

Achtsamkeit ist deine beste Freundin, wenn es darum geht, Räume zu schaffen, deine Rhythmen zu achten, im Sein anzukommen und ein tiefes Gefühl der Ruhe und Entspannung in dir zu erleben. Sie ist deine wertvollste Begleiterin auf dem Weg zu Gesundheit und Erfüllung. Sie ist dein erfolgreichster Coach, der dich dabei unterstützt, mit dir selbst, deinen Gefühlen und Gedanken in Kontakt zu treten. Achtsamkeit gehört zu den wunderbarsten Möglichkeiten, sich selbst kennenzulernen und die eigenen weiblichen Stärken zu leben.

Wie wertvoll Meditationserfahrung und Achtsamkeitspraxis im Alltag sein können, wurde mir vor einigen Jahren wirklich bewusst. Ich fuhr mit meiner Familie in den Sommerferien nach Paris. Wir erlebten wunderschöne Tage. Alles war mit dabei: Eiffelturm, Disneyland, Schloss Versailles, Notre Dame – zu dieser Zeit noch nicht halb abgebrannt. Eine faszinierende Stadt. Wir waren alle begeistert. Nur die erste Nacht verlief nicht ganz so schön. Wir waren in einem sehr großen Hotel mit achthundert Zimmern in der Nähe von Disneyland untergebracht. Gleich nachdem wir in der Nacht angekommen waren, fielen wir todmüde ins Bett. Zugegebenermaßen hatte ich mich kein bisschen vor dem Schlafengehen im Hotel umgesehen. Ich wusste weder, wo die Fluchtwege waren, noch wo ein Treppenhaus zu finden war. Und dann passierte es. Der Alptraum einer jeden Mutter. Nach zwei Stunden Schlaf ging der Feueralarm los. Und glaube mir, ich habe noch nie in meinem Leben einen so lauten Feueralarm gehört. Noch nie! Mein Steinzeitgehirn schrie: Alarm! Alles andere passierte dann nur noch wie in Trance. Ich konnte nicht mehr klar denken. Ich weckte meinen Mann, der unverständlicherweise den Alarm nicht gehört hatte, riss die Kinder aus dem Schlaf und wir liefen auf den Flur. Die anderen Hotelgäste taumelten ebenso in ihren Schlafanzügen den Gang entlang. Die meisten von ihnen stellten sich vor dem Aufzug an. Wir suchten die Treppe. So viele Menschen waren in Aufruhr. Das Hotel war wie gesagt riesig. Paris hatte in den letzten

Jahren immer wieder für Schlagzeilen gesorgt. Mir gingen tausende Gedanken durch den Kopf. Brannte es im Hotel oder war es doch ein Bombenalarm?

Im Nachhinein stellte sich heraus, dass jemand mitten in der Nacht im Zimmer geraucht und das den Alarm ausgelöst hatte. Wieder zurück im Zimmer legten wir uns wieder in unsere Betten. Mein Herz pochte immer noch laut, der Schweiß stand mir auf der Stirn. Ich schloss meine Augen und achtete auf meinen Atem. Er wurde ruhiger. Ausatmen, Atempause, Einatmen, Ausatmen, Atempause ... Ich weiß, dass ich mich früher niemals so schnell wieder beruhigt hätte. Ich hätte noch stundenlang im Bett gezittert. Ich weiß, dass mir Achtsamkeitspraxis wesentlich dabei geholfen hat, mich in dieser Situation rasch wieder zu beruhigen und die Dinge klar zu sehen.

Ich gehe jetzt einfach davon aus, dass du auch, so wie ich, mitten im Leben stehst und nicht einsam meditierend in einer Höhle deinen Tag verbringst. Wie hättest du sonst auch zu diesem Buch gefunden. Entweder hast du es in einem Buchhandel entdeckt oder im Internet bestellt. Somit steht für mich fest, dass du ein modernes Alltagsleben führst. Und so gehe ich davon aus, dass du alltagstaugliche Möglichkeiten der Achtsamkeitspraxis kennenlernen möchtest. Solche, die du jederzeit ohne großen Aufwand in deinen Alltag integrieren kannst. Ohne, dass du dich stundenlang in deine Meditationspraxis zurückziehen musst.

Keine Zeit dafür?

Fast täglich bekomme ich E-Mails von meinen Kursteilnehmerinnen, dass sie im modernen Alltag keine Zeit finden, um zu meditieren oder Achtsamkeitspraxis zu praktizieren.

Braucht es dazu wirklich immer viel Zeit? Nein, das braucht es nicht. Natürlich ist es schön, wenn ich mir schon in der Früh eine Stunde schenken kann, um zu meditieren und in Ruhe meine Tasse Tee zu trinken. Wenn du dir diese Zeit nehmen kannst, dann würde ich dir auf jeden Fall raten, ein Morgenritual einzuführen, mit dem du auf die eine oder andere Art und Weise in den Tag startest. Dazu kommen wir gleich nochmal zu sprechen. Dein ganzer Tag wird anders verlaufen, wenn du dir ein Morgenritual angewöhnst, das dich bewusster, präsenter, achtsamer und gelassener in den Tag gehen lässt.

Aber nicht bei jedem ist das möglich. Bei mir ging das eine Zeit lang nur bedingt. Viele Jahre lang ging es bei uns in der Früh turbulent zu. Aufwecken, Frühstück richten, Pausenbrot einpacken, zur Schule fahren. Die Zeiten ändern sich. Die Kinder werden älter und selbständiger.

Auch wenn du dir in der Früh keine fixe Meditationszeit einräumen kannst, gibt es unzählige Möglichkeiten, die Yin-Anteile zu nähren. Es gibt keine Ausreden, denn Achtsamkeitspraxis fließt vor allem in den Alltag ein. Gerade dann, wenn es drunter und drüber geht, empfiehlt es sich, eine Übung einzubauen. Das muss im Außen gar nicht sichtbar sein. Andere merken nicht, dass du gerade eine Achtsamkeitsübung machst. Du aber erlangst seelische Stabilität. Du entwickelst einen aufmerksamen und wertschätzenden Umgang mit dir selbst und anderen.

Damit kannst du jederzeit beginnen. Wenn du das nächste Mal in einer Schlange anstehst, zum Beispiel im Supermarkt an der Kasse, dann nutze diese Zeit, um deine Aufmerksamkeit auf das Wunder deines Körpers im gegenwärtigen Moment zu richten. Du wartest somit nicht mehr, sondern verbringst diese Zeit achtsam im Hier und Jetzt. Du nimmst deinen Körper bewusst wahr, deine Hände, deine Füße, deinen Bauch, deinen Kopf. Du kommst vom Tun ins Sein. Du kommst im Hier und Jetzt an. Und das alles während des Anstellens an der Supermarktkasse. Atme dabei jeweils dreimal tief und achtsam in den jeweiligen Körperbereich, ohne etwas verändern zu wollen.

Sei nicht zu streng mit dir selbst. Achtsamkeit ist kein Zustand. Aber je öfter Achtsamkeit praktiziert wird, desto leichter geht sie uns von der Hand. So wie bei Beppo, dem Straßenkehrmeister aus dem bekannten Roman »Momo« von Michale Ende. Hast du das Buch ge-

Gut zu wissen

Neurowissenschaftler stellen mehr und mehr fest, welch positive Auswirkungen das Praktizieren von Achtsamkeit haben kann. Aber was können wir uns genau darunter vorstellen? Im Netz steht: »Achtsamkeit ist ein Wahrnehmen von Gedanken, Gefühlen und körperlichen Empfindungen. Die Aufmerksamkeit wird dabei ganz auf den gegenwärtigen Moment gelenkt. Es geht darum »einfach da zu sein«, Dinge oder Situationen einfach wahrzunehmen, ohne sie gleich als gut oder schlecht zu bewerten.« In der Achtsamkeitspraxis wird unter sogenannten formellen (Meditationen) und informellen (achtsame Alltagsübungen) Übungen unterschieden.

lesen oder vielleicht das Hörbuch gehört? Gerade als ich diese Zeilen schreibe, höre ich im Hintergrund die CD. Mein Sohn ist heute von der Schule zu Hause geblieben, weil er krank ist. Immer, wenn er krank ist, nimmt er seinen CD Player und sucht sich »Momo« aus dem CD-Regal. Auch Geschichten können heilsam wirken! Aber zurück zu Beppo. Vielleicht kennst du ihn? Beppo erzählte Momo, wie er es anstellt, achtsam seine Arbeit zu verrichten.

Beppo war Straßenkehrer. Er tat seine Arbeit gerne und gründlich. Er wusste, es war eine sehr notwendige Arbeit. Wenn er die Straßen kehrte, tat er es langsam, aber stetig: bei jedem Schritt einen Atemzug und bei jedem Atemzug einen Besenstrich. Schritt – Atemzug – Besenstrich. Schritt – Atemzug – Besenstrich. Dazwischen blieb er manchmal ein wenig stehen und schaute nachdenklich vor sich hin. Und dann ging es wieder weiter: Schritt – Atemzug –Besenstrich ... Einmal erklärte er Momo seine großen Gedanken[13]:

»Siehst du Momo, es ist so: Manchmal hat man eine sehr lange Straße vor sich. Man denkt, die ist so schrecklich lang; das kann man niemals schaffen, denkt man. Und dann fängt man an, sich zu eilen. Und man eilt sich immer mehr. Jedes Mal, wenn man aufblickt, sieht man, dass es gar nicht weniger wird, was noch vor einem liegt. Und man strengt sich noch mehr an, man kriegt es mit der Angst, und zum Schluss ist man ganz außer Puste und kann nicht mehr. Und die Straße liegt immer noch vor einem. So darf man es nicht machen.« Er dachte eine Zeit nach, dann sprach Beppo weiter: »Man darf nie an die ganze Straße auf einmal denken, verstehst du? Man muss nur an den nächsten Schritt denken, an den nächsten Atemzug, an den nächsten Besenstrich. Und immer wieder nur an den nächsten. Dann macht es Freude; das ist wichtig, dann macht man seine Sache gut. Und so soll es sein.«[14]

Diese Art der Wahrnehmung steht uns allen zu jeder Zeit offen. Und das Beste daran ist, sie kann trainiert werden. Es lohnt sich. Übe dich darin, von der Ablenkung und Zerstreutheit ins Hier und Jetzt zu kommen. Wie jede Tätigkeit, die wiederholt ausgeübt wird, hinterlässt das Üben von Achtsamkeit Spuren im Gehirn. Die Hirnstrukturen verändern sich auf lange Sicht gesehen in Richtung Zufriedenheit und Vitalität. Du wirst dadurch gelassener und ausgeglichener und ganz nebenbei entwickelst du mehr Selbstvertrauen.

Eine wunderbare Möglichkeit, Achtsamkeit zu üben, ist auch hier wieder, sich seines Atems bewusst zu werden. Bewusstes Atmen führt uns, wie du schon erfahren hast, direkt ins Hier und Jetzt.

Der nächste Schritt wäre, diese achtsame Präsenz in Alltagssituationen zu integrieren. Beginne mit Situationen in deinem Leben, die dich nicht allzu sehr stressen oder nerven. Gehe, wenn möglich, bewusst in diese Alltagssituation, wie z. B. die Wäsche aufzuhängen, E-Mails zu beantworten, das Abendessen zuzubereiten oder dein Kind ins Bett zu bringen. Erinnere dich während dieser Tätigkeit immer und immer wieder an deine achtsame Präsenz.

Jede Frau hat die Fähigkeit mitbekommen, achtsam zu sein und in sich selbst zu ruhen. Doch in unserem zunehmend hektischen Lebensstil gehen diese Fähigkeiten oft verloren. Je mehr du in Kontakt zu dir selbst bist, desto leichter werden dir die Anforderungen des

Alltags gelingen und umso mehr kommst du in deine urweibliche Energie. Umso harmonischer wirst du deine Beziehungen gestalten. Umso besser gelingt es dir, das anzunehmen, was ist, Druck rauszulassen und die Basis für dein erfülltes Leben zu schaffen.

Greifen wir auf, was uns Beppo der Straßenkehrer lehrt. Er praktiziert täglich bei seiner Arbeit einer der effektivsten Achtsamkeitsübungen, die es gibt. Er setzt seine Schritte bewusst und achtsam und bleibt dabei ganz im Hier und Jetzt.

Schritt für Schritt

In meinen Seminaren mache ich mit meinen Teilnehmerinnen immer wieder Übungen, die uns mit unseren Füßen in Kontakt bringen. Auch effektive Übungen, wie die Gehmeditation, fließen ein. Gerade in unserem schnelllebigen Alltag kann diese Übung leicht als Achtsamkeitsübung integriert werden. Durch unseren rasanten Lebensstil und die verstärkte Nutzung digitaler Medien haben viele von uns das Gefühl, den Boden unter den Füßen zu verlieren.

Female-Empowerment-Tipp

Bewusstes Gehen

Egal, ob du gerade auf dem Weg zur Arbeit bist, im Wartehäuschen auf den Bus wartest oder du dich auf dem Weg von deinem Schlafzimmer in die Küche befindest. Es genügt, wenn du einige Schritte ganz bewusst und präsent gehst. Wähle einige Meter aus, wie z.B. den Weg von deiner Haustüre zur Bushaltestelle, und gehe diese Schritte ganz bewusst. Ich stelle mir dabei immer gerne vor, dass meine Füße die Erde küssen.

Gehmeditation

In der Achtsamkeitspraxis gibt es eine eigene Übungsfolge, sie nennt sich Gehmeditation. Wenn du dir mehr Zeit nehmen möchtest, dann praktiziere diese Übung in Ruhe. Sie sieht wie folgt aus:

SCHRITT 1:

— Wähle einen Ort aus, an dem du mindestens fünf bis sechs Schritte geradeaus und wieder zurück machen kannst. Wenn du mehr Platz hast, kannst du in deiner Achtsamkeitsübung auch ein Quadrat abschreiten.

SCHRITT 2:

— Ziehe deine Schuhe aus. Wenn es warm genug ist, auch deine Socken.
— Stelle dich aufrecht hin, die Füße etwa hüftbreit auseinander. Spüre, wie deine Fußsohlen auf dem Boden aufliegen. Fühle den Untergrund – ist er weich oder hart, glatt oder rau, kühl oder warm?
— Bewege deinen Oberkörper ein wenig vor und zurück, nach links und rechts, bis du ein stabiles Gleichgewicht gefunden hast.
— Lockere deine Knie leicht und richte deinen Oberkörper auf, als wäre oben am Kopf ein unsichtbarer Faden befestigt, der dich in die Länge zieht. Senke dein Kinn um eine Winzigkeit. Dein Blick ist geradeaus gerichtet.

SCHRITT 3:

— Nun hebe langsam und aufmerksam einen Fuß. Achte im Folgenden genau auf das, was du sonst automatisch tust. Es geht darum, bewusst und konzentriert eine ganz alltägliche Bewegung neu wahrzunehmen. Das bedeutet, du vollführst deine Schritte so normal wie möglich, allerdings so langsam, dass du die einzelnen Teile der Bewegung genau spüren kannst.

- Das Anheben des Fußes.
- Dann die Vorwärtsbewegung des Beins.
- Du setzt den Fuß auf den Boden, vielleicht 30 Zentimeter weiter vorn. Womit trifft er zuerst auf? Der Ferse, dem Ballen, der gesamten Sohle? Es gibt kein Richtig und kein Falsch, nur deine ganz persönliche Wahrnehmung.
- Du verlagerst dein Gewicht nach vorne, kippst deine Hüfte, hebst nun den hinteren Fuß an und konzentrierst dich darauf, wie dieser den Boden verlässt und dann vor dem anderen Fuß aufsetzt.

SCHRITT 4:

Beende die Übung, indem du deine Beine kurz ausschüttelst.

Wenn du diese Übung im Ruhigen praktizierst, fällt es dir noch leichter, sie in den Alltag zu integrieren. Nimm dazu eine von dir selbst gewählte Strecke und los geht's.

Wenn du Gehmeditation, also das bewusste Gehen, in deinen Alltag integrierst, wie z. B. von deiner Wohnungstür zur Bushaltestelle, musst du natürlich nicht extra langsam gehen. Sonst versäumst du auch noch deinen Bus. Es geht vielmehr um das bewusste Schrittesetzen. Um das Wahrnehmen des Hier und Jetzt.

Achtsamkeit und Zuhören

Kommen wir nochmal zurück zum Roman von Michela Ende »Momo«. Dieses Buch gehört übrigens zu meinen absoluten Lieblingsbüchern. Ich habe es als Kind mindestens zehnmal gelesen. Und das mache ich auch jetzt immer wieder einmal gerne. Es ist ein Buch, das aktueller nicht sein könnte.

Momo war Meisterin im Zuhören. Sie verstand es auf wundersame Art und Weise, den Menschen zuzuhören. Stundenlang saß sie mit ihren Freunden im alten Amphitheater und alle liebten Momo, weil sie so gut zuhören konnte. Wenn du das Buch gelesen hast, was ich dir übrigens von ganzem Herzen empfehlen möchte, dann weißt du auch, dass Momo so gut zuhören konnte, dass sogar die grauen Herren ihre geheime Strategie verrieten. Die grauen Herren waren sogenannte Zeitdiebe, die mit ihren kleinen Zigarren die Zeit der Menschen wegrauchten. Sie verleiteten die Menschen dazu, rastlos durch ihren Alltag zu hetzen, immer mehr zu arbeiten und sich keine Auszeiten mehr zu gönnen. Nur Momo durchschaute ihr Spiel und konnte am Ende die Menschheit vor den Zeitdieben retten. Und das alles, weil sie so gut zuhören konnte.

Hast du Lust darauf, dieses bewusste Zuhören in deinen geschäftigen Alltag einzubauen? Es ist wirklich sehr empfehlenswert und eine wunderbare Achtsamkeitsübung. Zuhören gehört übrigens zu den starken weiblichen Yin-Qualitäten, die uns Frauen sehr naheliegen.

Stell dir vor, du gehst mit einer anderen Person ins Gespräch. Wie gelingt dir das Zuhören? Ich meine tatsächlich das Zuhören. Die meisten von uns konzentrieren sich während des Gespräches nicht auf das Zuhören, sondern kreieren währenddessen schon im eigenen Kopfkino die Antwort. Oder wir vergleichen das Gehörte mit dem, was wir selbst erleben. »Ja genau, mir ging es ganz gleich. Stell dir vor was ich erlebt habe ...« Mit Sicherheit kennst du auch Situationen, in denen du jemandem etwas erzählen möchtest und dein Gesprächspartner fällt dir andauernd mit seiner eigenen Geschichte ins Wort. Wie geht es dir damit? Kann ein echtes und ehrliches Gespräch ent-

Female-Empowertment-Tipp

Achtsames Zuhören

Übe das Zuhören. Wenn du in den nächsten Tagen ins Gespräch mit unterschiedlichsten Menschen gehst, probiere spielerisch aus, einfach einmal zuzuhören. Ohne dass du schon die Antwort im Kopf vorbereitest, ohne dass du ständig deine eigenen Geschichten erzählst. Und dann beobachte. Spüre nach, was diese Art mit Menschen ins Gespräch zu gehen mit dir macht. Welchen Unterschied in der Qualität des Gespräches kannst du feststellen? Fühlt es sich befriedigender an, mit anderen Menschen ins Gespräch zu gehen?

Natürlich kannst du auch von dir erzählen. Das ist doch ganz klar. Aber solange dein Gesprächspartner erzählt, bleibe ganz bei ihm, bei seiner Geschichte. Lehne dich innerlich zurück, schaue ihm in die Augen und lausche aufmerksam seinen Worten. Und dann beobachte, was passiert.

stehen? Selten kommen Gespräche zustande, in denen tatsächlich zugehört wird. Achtsames Zuhören ist eine Frage der Übung. Es ist oft anstrengender, als selbst zu sprechen. Doch es lohnt sich! Wer sich in der Kunst des Zuhörens übt, hat eine starke Wirkung auf sein Gegenüber. Wenn du achtsam zuhörst, musst du nicht zwingend schweigen. Frage nach, wenn etwas unklar ist, und wiederhole Inhalte, um sicherzugehen, dass du alles verstanden hast.

Zur Achtsamkeit gehört definitiv auch das Erkennen der Lücke zwischen Reiz und Reaktion. Wenn du diese Lücke erkennst, bist du voll und ganz im Hier und Jetzt.

Die Lücke zwischen Reiz und Reaktion

Meine Finger fliegen über die Tastatur. Ich bin verärgert. Die E-Mail ist gleich fertig. Alle meine Gedanken finden darin Platz. Zugegebenerweise keine netten Gedanken. Wie konnte mir Frau Fischer eine so unfreundliches Mail zukommen lassen? Darauf muss ich doch reagieren. Somit packe ich meine Meinung dazu in diese E-Mail und bin kurz davor, auf Senden zu drücken. Da erinnere ich mich noch rechtzeitig an die Lücke zwischen Reiz und Reaktion und daran, dass das Verfassen dieser E-Mail bestimmt keine Lösung einleiten wird.

Viktor E. Frankl sagte, dass es zwischen Reiz und Reaktion einen Raum gibt. Frankl war Neurologe und Psychiater und hatte unter extremen Bedingungen ein Konzentrationslager überlebt. Er beschrieb, dass in dem Raum zwischen Reiz und Reaktion der Mensch die Freiheit und die Fähigkeit hat, seine Reaktion zu wählen. In diesen Entscheidungen liegen unser Wachstum und unser Glück. Wir besitzen eine einzigartige, menschliche Fähigkeit, die uns von den Tieren unterscheidet. Die Fähigkeit, die Lücke auf einen auf uns einwirkenden Reiz und unsere Reaktion darauf zu erkennen und den Abstand zwischen diesem Reiz und unserer Reaktion bewusst zu verändern. Wir können diesen Raum verändern, ihn erkennen und bewusst ausdehnen.

Die E-Mail von Frau Fischer war der Reiz. Meine Antwort darauf die Reaktion. Es lag somit an mir, diese E-Mail abzusenden oder meine übereilte Reaktion noch einmal zu überdenken.

Wie war das denn bei unseren Großmüttern, wenn sie einen Brief erhielten? Sie haben sich hingesetzt und ebenso einen Brief verfasst. Aber dann konnten sie nicht einfach auf Absenden drücken. Was mussten sie machen? Richtig, sie machten sich auf die Suche nach einem Kuvert. Anschließend suchten sie die Briefmarke. Und dann, kaum zu glauben, verließen sie das Haus, um einen Briefkasten aufzusuchen. Sie atmeten frische Luft. Bewegten ihren Körper und erst dann machte sich der Brief tatsächlich auf den Weg zum Empfän-

Female-Empowerment-Tipp

Selbstbeobachtung

Nimm immer wieder die Position der Beobachterin ein. Egal, ob du unter der Dusche stehst, beim Kochen, im Büro oder beim Surfen durch das Internet. Beobachte dich selbst. Erkenne die Lücke zwischen Reiz und Reaktion. Und dann handle bewusst. Wenn du merkst, dass du planlos durch das Internet surfst, nimm wahr, was gerade geschieht. Bist du bei der Sache? Oder willst du dich nur ablenken? Was würde deinem Körper jetzt guttun? Wie fühlt sich deine Atmung an? Egal, was du machst, erkenne die Lücke. Den Moment, bevor du weitersurfst. Dehne die Lücke aus. Und dann reagiere bewusst. Entscheide dich für eine Handlung, die dir jetzt guttut. Die dich nährt und stärkt.

ger. Vor allem die uns umgebenden digitalen Medien haben uns zu »Schnellreagierern« mutieren lassen. Ein SMS, schnell getippt, noch schneller abgesandt. Ein Kauf bei Amazon, ein Klick und alles ist erledigt.

Du hast es in der Hand, dir diesen Freiraum, diese Atempause zu schaffen, in der du mit klarem Geist aus einer Vielzahl an Handlungsoptionen wählen kannst. Diese Wahlfreiheit zwischen Reiz und Reaktion ist maßgeblich für dein kraftvolles Leben verantwortlich. Du läufst nicht mehr blindlings durch deinen Alltag, greifst nicht bei jedem kleinen Piepser zu deinem Smartphone, kaufst nicht unreflektiert alles, was dir Amazon empfiehlt. Du nutzt dein menschliches Potenzial, das dich maßgeblich von Tieren unterscheidet. Das wirksamste Mittel, um diesen Raum zwischen Reiz und Reaktion auszudehnen und selbstbestimmter zu handeln, ist die Achtsamkeit.

Das Schokoladenprojekt

Wenn ich nicht auf Seminaren und Vorträgen unterwegs bin oder an einem neuen Buch schreibe, arbeite ich vormittags meistens mit meinem Team in unserem gemeinsamen Büro. Es tut gut, mit meinen Mitarbeiterinnen im gleichen Raum zu sitzen. Eigentlich sieht es bei uns eher aus, wie in einem gemütlichen Wohnzimmer. Bilder von Laubwäldern hängen an der Wand, angenehm warme Farben, in der Ecke steht ein Sofa, und eben auch unsere Schreibtische, an denen wir arbeiten. Wir lachen viel und inspirieren uns immer wieder gegenseitig. Ich liebe es, so zu arbeiten. Aber, da gibt es auch einen Haken. Wir stehen alle ziemlich auf Süßes. Schokolade war schon immer mein Freund und Feind in einem. Und wenn ich wieder einmal beschließe, ein paar Tage nichts Süßes zu essen, dann kommt bestimmt eine meiner Mitarbeiterinnen mit einem verlockenden Täfelchen Schokolade ins Büro. In stressigen Situationen habe ich immer zugegriffen. Mehr reflexartig, als bewusst. Eine halbe Stunde später habe ich es schon wieder bereut. Meine Leistung fiel ab und ich fühlte mich nicht mehr so frisch und geistig klar. Na, das ist ja nicht so schlimm, denkst du dir jetzt vielleicht. Für mich schon. Nach einigen Monaten merkte ich auch, wie sich die Kilos auf meinen Hüften verselbständigten.

Die Lücke zwischen Reiz und Reaktion zu erkennen, sah dann bei mir so aus: Ich sitze mit meinen Mitarbeiterinnen im Büro. Es geht stressig zu. Ich habe schon etwas Hunger. Eigentlich sollte ich jetzt frühstücken gehen, aber ich möchte noch den Artikel fertigschreiben. Meine Mitarbeiterin bietet mir Schokolade an. Ich erkenne die Lücke zwischen Reiz und Reaktion. Ich spüre nach, ob mir diese Tafel Schokolade jetzt schon am Vormittag guttun würde. Ich entscheide mich, mit einem klaren »Nein, danke« zu antworten. Ich drehe mich zufrieden wieder um, stehe auf und bereite mir ein nahrhaftes Frühstück zu. Dann arbeite ich weiter.

Worauf ich hinaus will: Das Erkennen der Lücke zwischen Reiz und Reaktion funktioniert überall. Nicht nur in Zusammenhang mit meinem Schokoladenprojekt. Wirklich überall. Zu Hause mit den

Kindern, bei der Ernährungsumstellung und eben auch bei Stress im Büro. Erkenne die Lücke zwischen Reiz und Reaktion und spüre nach, was jetzt gerade in dieser Situation tatsächlich geschieht. Das alles hat nichts damit zu tun, seine eigenen Gefühle zu unterdrücken oder nicht das zu tun, was einem wirklich guttut. Wenn du in dieser Lücke zwischen Reiz und Reaktion erkennst, dass diese Schokolade genau das ist, was du jetzt brauchst und es dir danach (auch Stunden später) so richtig gut geht damit, dann bitte, genieße sie auf allen Ebenen deines Seins. Unterdrücke auch nicht deine Gefühle, die du deinem Partner oder deiner Arbeitskollegin mitteilen möchtest. Aber spüre in der Lücke nach, was es tatsächlich ist, das du sagen möchtest. Was löst tief in dir eine innere Befreiung aus. Bei mir ist es so, dass es vielleicht für eine Minute eine kurze Befriedigung auslöst, wenn ich die ganze Tafel Schokolade planlos in mich hineinstopfe, aber danach geht es mir nicht gut. Mein Körper wird müde, aufgebläht und ich fühle mich nicht so wohl, als wenn ich etwas wirklich Nahrhaftes zu mir genommen hätte.

Offline ist der neue Luxus

Eine Frau, die im Hier und Jetzt ankommt, ruht in ihrer weiblichen Intelligenz und ist nicht mehr Marionette ihrer unbewussten Emotionen. Sie weiß, was sie will und was sie nicht will, was sie tatsächlich nährt und was ihr Energie raubt.

Social-Media-Kanäle wie Facebook, Instagram und Snapchat bringen uns immer ins Außen. Sie bringen uns immer stark auf die Seite des Yang. Sie sind Meister darin, uns aus dem Hier und Jetzt zu katapultieren. Wie das Vibrieren in der Tasche, das uns regelrecht dazu zwingt, nachzusehen, wer gerade diese wichtige Nachricht schreibt. Unsere Blicke fallen andauernd auf die neuesten Nachrichten, die hereinkommen. Es gehört eine große Portion Achtsamkeit dazu, wenn wir dem massiven Einfluss der uns umgebenden digitalen Medien nicht ausgeliefert sein wollen.

Sehen wir uns doch einmal dieses kleine Ding an, das du den ganzen Tag mit dir herumträgst. Dein Smartphone. Erst seit 2007 auf dem Markt, ist es aus unserem Alltag nicht mehr wegzudenken. Es hat die meisten von uns fest im Griff. Werfen wir also mal einen Blick auf etwas so kleines, unscheinbares. Am besten im Zusammenhang mit der Morgenroutine.

Morgenroutine

Besuchen wir Sophie in ihrem Schlafzimmer. Sie wird um 05:30 Uhr von ihrem Handy geweckt, das die ganze Nacht über neben ihr auf dem Nachtisch liegt. Um den Klingelton abzustellen, malt sie ein Muster auf das Display, um das Telefon zu entsperren. Und somit beginnt schon früh morgens die Reise in die unergründlichen Tiefen der digitalen Welt. Das, was sich in diesen Tiefen befindet, ist so gewaltig und stimulierend, dass es eine unglaubliche Sogkraft auf Sophie ausübt. Sie liest, welches Konzert ihre beste Freundin gestern besucht hat. In der Familiengruppe findet sie Fotos der Parisreise, die ihre kleine Schwester gerade unternimmt. Ihre Aufmerksamkeit wird als Nächstes auf eine Nachricht ihrer Eltern gelenkt, die einen morgigen Besuch ankündigen. Ihr Arbeitskollege erinnert sie an ein wichtiges Skript, das bis morgen abgegeben werden muss. Sophie wird langsam unruhig und so wechselt sie die Plattform. Im Nachrichtenportal findet sie einige erschreckende Nachrichten. Schlagzeilen über dramatische Begebenheiten, politische Kontroversen, sie liest über das Aussterben von Tierarten und Terroranschläge. Das Gefühl der Unruhe macht sich noch stärker bemerkbar, vermischt mit dem Gefühl »nicht helfen zu können«. Somit wechselt Sophie erneut die Plattform. In den sozialen Netzwerken findet sie Posts von Menschen, die ihr das Gefühl geben, die Welt sei in Ordnung. Gleichzeitig breitet sich ein Gefühl in Sophie aus, nicht sportlich genug zu sein, zu wenig zu reisen, zu gestresst zu sein. Sie klickt sich noch durch ein paar Bilder und macht einen Streifzug durch ihr Online-Profil. Es könnte ausgefeilter

Die ***meisten***
von uns spüren
mit großer
Wahrscheinlichkeit,
dass die ***zunehmende***
Digitalisierung
eine ***große***
Herausforderung
bedeutet.

sein, so, wie bei den anderen. Daran muss sie noch arbeiten. Sie steht mit bereits gefühlt tausenden Gedanken im Kopf auf.

Auch wenn du nicht wie Sophie gleich nach dem ersten Augenaufschlag zum Handy greifst, sondern erst nachdem du die Kaffeemaschine eingeschaltet hast, ist bei dir wie bei vielen eine der ersten Tätigkeiten in der Früh der Griff zum Smartphone oder anderen digitalen Medien. Wenn du so deinen Morgen beginnst, ist die Wahrscheinlichkeit sehr hoch, dass du auch in den weiteren Stunden des Tages den digitalen Verlockungen unterliegst. Viele werden durch die so produzierten Stresshormone nervös, ängstlich oder auch depressiv. Die Energie leert sich kontinuierlich aus.

Die meisten von uns spüren mit großer Wahrscheinlichkeit, dass die zunehmende Digitalisierung eine große Herausforderung bedeutet. Sie verführt uns dazu, mehr Zeit in der digitalen Welt und weniger Zeit im Körper zu verbringen. Sie lockt uns kontinuierlich aus dem Hier und Jetzt. Somit spüren und fühlen wir auch immer weniger und entfremden uns immer mehr von uns selbst. Auch die Schlafqualität sinkt durch das blaue Licht der Bildschirme, die Gehirn und Nervensystem sowie den Hormonhaushalt durcheinanderbringen können. Deshalb brauchen wir vor dem Schlafengehen unbedingt bildschirmfreie Zeit, aber auch zwischendurch ist es erstrebenswert, alle Bildschirme immer wieder auszuschalten.

Ein wesentlicher Schritt dabei ist, zu bemerken, wenn wir in eine digitale Trance kippen. Ob es Facebook ist, YouTube oder das ständige Checken des E-Mail-Accounts. Das »Abhängen« in der digitalen Welt kann ein Zeichen dafür sein, dass wir Erholung oder Bestätigung brauchen. Wenn du spürst, dass du in den virtuellen Raum gezogen wirst, stehe auf, lasse deine Arme zu Boden hängen, richte dich wieder auf und stelle dir die Frage: »Ist das, was ich jetzt mache, erholsam, bereichernd oder tut es mir auf irgendeine Art und Weise gut?« Wenn du ein »Nein« als Antwort bekommst, frage dich weiter: »Wonach ist mir jetzt gerade?« Es hilft, immer wieder einmal inne zu halten und nachzuprüfen, für welche Reize du besonders empfänglich bist. Für Likes auf Facebook? Für das Ansehen von noch mehr Stories auf Instagram?

Für einen Hinweis beim Logo der App, das anzeigt, dass schon wieder fünf neue Nachrichten auf dich warten? Diese Selbsterkenntnis hilft, das Steuerrad wieder selbst in die Hand zu nehmen, bewusst auszusteigen, Pausen einzulegen und im Hier und Jetzt anzukommen.[15]

Lege die Ausrichtung auf den neuen Tag selbst fest

Wenn du stressfrei in den Tag starten willst, deinen Körper spüren, selbstbestimmt und präsent deinen Alltag verbringen möchtest, ist es von Vorteil, schon in der Früh die Ausrichtung für den Tag festzulegen. Und das gelingt am besten ohne Smartphone, Tablet und Co.

Du verringerst die Auswirkungen des modernen Medienkonsums schon gleich am Morgen. Du wachst auf und nimmst deinen inneren Raum wahr. Du machst ein paar bewusste Atemzüge, nimmst die Pause zwischen dem Aus- und Einatmen wahr. Nimmst deinen Körper wahr. Das alles am besten noch bevor du deine Augen öffnest. Du nutzt die ersten Minuten des neuen Tages, um auf dich selbst zu hören. Deine Gefühle, deine Stimmung, deine Bedürfnisse wahrzunehmen. Um dich liebevoll zu begrüßen.

Nachdem du diesen stillen Raum, in dem alles so sein darf, wie es ist, genossen hast, machst du dir vielleicht noch ein paar stärkende Gedanken darüber, wie du deinen Tag verbringen möchtest. Stelle dir vor, wie du deine Aufgaben ruhig und gelassen meisterst. Wie du voll im Hier und Jetzt aufgehst. So steigst du aus dem Kreislauf aus, der dich nach und nach immer mehr nach unten zieht und von den wunderbaren Möglichkeiten eines kraftvollen Lebens entfernt. Wie genau du deine morgendliche Routine praktizierst, liegt natürlich ganz bei dir. Aber es ist sinnvoll, sich bewusst und positiv auf den Tag einzustimmen. Auch wenn es nur ein paar Minuten sind. Und das gelingt wie gesagt am besten im Offline-Modus.

Vor allem ein kurzer Moment der Dankbarkeit gleich am Morgen hilft dabei, sich bewusst auf den Tag einzustimmen.

Morgenmeditation

Ich nehme meinen Atem wahr. Ich atme ein und aus. Ich spüre meinen Körper.

Meine Hände, mit denen ich mein Leben aktiv gestalte.

Meine Füße, mit denen ich meinen Weg gehe.

Ich bin dankbar für meinen Körper, der mir die Welt mit allen Sinnen schenkt.

Ich begrüße den Tag voller neuer Möglichkeiten.

Ich vertraue meinen Wahrnehmungen. Ich gehe mit mir selbst achtsam um.

Ich atme und der Atem bringt mich in meine Mitte.

Verbunden mit meiner Mitte gehe ich in diesen Tag.

Ich schenke mir ein Lächeln und nehme dieses Lächeln mit in diesen Tag.

Momente der Dankbarkeit

Eine kleine warme Hand berührt meinen Hals. »Habe ich dir heute schon gesagt, dass ich dich liebe?«, weckt mich eine zarte Stimme. Und ich weiß, alles ist gut. Diese Stimme gehört meinem damals noch sehr jungen Sohn. Er kriecht in den frühen Morgenstunden unter meine Bettdecke. Draußen ist es noch dunkel. Diese Jahreszeit gehört zu den dunkelsten Monaten des Jahres. Eine Zeit, die das Auswandern auf eine einsame Insel sehr erleichtern würde, denke ich. Aber dann noch einmal diese Stimme mit den liebevollen Worten. Unser tägliches Morgenritual. Es gehört zu den schönsten Momenten des Tages. Wer als Erstes munter ist, flüstert dem anderen diesen Satz ins Ohr. Keine Ahnung, wer damit angefangen hat. Aber diese Worte in der Früh begleiten uns schon seit vielen Jahren. Ich erwidere: »Habe ich dir heute schon gesagt, dass ich dich liebe? Nein? Dann sage ich es dir jetzt: Ich liebe dich!« Die kleinen warmen Hände drücken mich ganz fest. Ein wunderbares, warmes Gefühl breitet sich in mir aus. Ich bin unfassbar dankbar für diesen Moment.

Female-Empowerment-Tipp

Digital-Detox

Lege die Zeiten des Digital-Detox immer wieder ein. Auch im Zusammensein mit deiner Familie empfiehlt es sich, damit zu experimentieren. Legt am besten Regeln fest, wann handyfreie Zeiten eingehalten werden sollen, wie z.B. in der Früh bis nach dem Frühstück, am Abend ab 20:00 Uhr, jeden Sonntag, im gemeinsamen Urlaub, während des Essens am Familientisch.

Ein achtsamer Moment der Dankbarkeit ist ***ein wahres Wundermittel*** *für Erfüllung und Vitalität im Leben.*

Dankbarkeit

Ein achtsamer Moment der Dankbarkeit ist ein wahres Wundermittel für Erfüllung und Vitalität im Leben. Sie gibt Kraft und Zuversicht. Wofür bist du dankbar? Vielleicht liegt es nicht immer gleich auf der Hand, wofür du dankbar bist. Auch ich schwebe nicht den ganzen Tag auf einer Glückswolke durch meinen Alltag. Oft ist der Alltag mit Kindern auch anstrengend. Es gibt normale geschwisterliche Auseinandersetzungen, es gibt Verletzungen, Streitereien oder andere Dinge, die nicht immer angenehm sind. In meinem beruflichen Alltag geht es auch oft rund. Telefonate mit Zeitschriften, Verlagen, Vertragsabwicklungen, das Erstellen von Online-Seminaren oder die Vorbereitungen auf Vorträge und Seminare. All das kann fordern. Aber ich finde immer etwas, wofür ich dankbar bin. Zu meiner Bestimmung zählt definitiv auch das Leben mit und in meiner Familie. Meine drei Kinder erfüllen mein Herz mit unbeschreiblich tiefer Liebe. Und für diese Erfahrung bin ich dankbar. Unbeschreiblich dankbar.

Vor allem am Abend schlafe ich niemals ein, bevor ich nicht nochmal Dankbarkeit empfunden habe. Wenn ich nichts finde, wofür ich an diesem Tag dankbar sein kann, dann mache ich mich intensiv auf die Suche und finde immer etwas.

Wenn du dir überlegst, wofür du dankbar bist, wird sich deine Stimmungslage schlagartig heben. Sei jeden Tag dankbar. Sprich täglich mindestens drei Dinge aus, oder schreibe sie noch besser nieder, für die du dankbar bist. Fange einfach damit an, ohne viel darüber nachzudenken. Du kannst sofort mit der ersten Dankbarkeitsübung beginnen. Erzeuge jetzt sofort ein gutes Gefühl in dir.

Dankbarkeitsmeditation

Nimm eine würdige, angenehme Sitzposition ein. Atme mehrmals tief ein und aus.

Konzentriere dich auf das Gefühl der Dankbarkeit in diesem Moment. Genieße es, hier in Ruhe zu sitzen, deinen Atem wahrzunehmen. Mache dir bewusst, wie schön dieser Moment gerade ist, genieße es, etwas Zeit für dich zu haben.

Lächle und spüre, wie dieses Lächeln deinen ganzen Körper erfüllt. Bedanke dich bei deinem Körper, dass er dich den ganzen Tag durch den Tag trägt. Vielleicht möchtest du dich bei einem Körperteil besonders bedanken, deinem Herzen, deinen Händen, deinem Mund … Bedanke dich bei deinem Geist, dass er dich in deinem Alltag unterstützt. Und bedanke dich bei deinem Herzen, dass es immer für dich da ist. Nimm dir vor, weiterhin gut auf dich zu achten und gut zu dir selbst zu sein.

Ist heute etwas geschehen, worüber du dich gefreut hast oder wofür du dankbar bist? Nimm diesen Gedanken noch bewusst mit in deine Meditation.

Bedanke dich auch bei dem, was heute nicht gut gelaufen ist. Damit zeigst du dir, dass du dich auch wertschätzt, wenn es einmal nicht gut läuft.

Atme zum Schluss tief ein und wieder aus und gehe mit einem Lächeln in den Tag.

Zusammenfassung

Wir Frauen spüren und erleben uns über den Raum. Wir spüren unsere Weiblichkeit über den Raum, den wir uns bewusst gestalten. Dieser Raum entsteht nicht dadurch, dass wir etwas tun. Sondern durch bewusste Anwesenheit. Indem wir bewusst da sind.
Achtsamkeit ist deine beste Freundin, wenn es darum geht, Räume zu schaffen, deine Rhythmen zu achten, im Sein anzukommen und ein tiefes Gefühl der Ruhe und Entspannung in dir zu erleben. Sie ist deine wertvollste Begleiterin auf dem Weg zu Gesundheit und Erfüllung.
Jeder Mensch hat die Fähigkeit mitbekommen, achtsam zu sein und in sich selbst zu ruhen. Doch in unserem zunehmend hektischen Lebensstil gehen diese Fähigkeiten oft verloren. Je besser du in Kontakt zu dir selbst bist, desto leichter werden dir die Anforderungen des Alltags gelingen und desto mehr kommst du in deine urweibliche Energie.
Social-Media-Kanäle wie Facebook, Instagram und Snapchat bringen uns immer ins Außen. Sie bringen uns immer stark auf die Seite das Yang. Wenn du deinen Tag bewusst erleben möchtest, deinen Körper spüren, selbstbestimmt und präsent deinen Alltag verbringen möchtest, ist es unerlässlich, schon am Morgen die Ausrichtung für deinen Tag selbst festzulegen. Und das gelingt am besten ohne Smartphone, Tablet und Co.
Ein achtsamer Moment der Dankbarkeit ist ein wahres Wundermittel für Erfüllung und Vitalität im Leben. Sie gibt Kraft und Zuversicht. Wenn du dir überlegst, wofür du dankbar bist, wird sich deine Stimmungslage schlagartig heben.

Der Weg der weiblichen Intelligenz

Weibliche Kräfte

Auch wenn ich gerade auf der Bühne stehe und einen Vortrag halte, weiß ich gleichzeitig, wo sich meine Kinder aufhalten, wie viel Käse im Kühlschrank liegt, ob das Haus wieder einmal gründlich gereinigt werden sollte und ob es meiner Schwiegermutter gut geht oder nicht. Ich weiß ohne auf den Kalender zu sehen, dass mein jüngster Sohn heute um 13:30 Uhr Schlagzeugunterricht hat, mein älterer Sohn sich vor der morgigen Schularbeit fürchtet und dass meine Tochter ein Kleid für ihren ersten Ball benötigt. Wenn ich nach meinem Vortrag noch schnell beim Supermarkt vorbeifahre, brauche ich keinen Einkaufszettel, um zu wissen, was ich einkaufen soll. Irgendwo in mir sind diese Informationen alle zu finden. Bestimmt kennst du das auf die eine oder andere Weise. Das heißt nicht, dass es für Frauen gesund ist, wenn sie alles gleichzeitig erledigen. Das wäre dann Multitasking. Darauf kommen wir in einem späteren Kapitel zu sprechen. Multitasking kann enorm stressen. Ich spreche hier vielmehr von einer Art weiblicher Intelligenz, die auf mehreren Ebenen im ganzen Körper angesiedelt ist.

Frauen verfügen über eine besondere weibliche Intelligenz. Die wichtige Rolle der Intuition, der Gefühle und der inneren Stimme zu verstehen, stellt für sehr viele Frauen einen heilsamen Weg dar. Denn Frauen gelingt es leichter, eine enge Verbindung zwischen Denken,

Fühlen und physischem Körper herzustellen. Dieses Denken bezieht immer mehrere Ebenen mit ein und umkreist ein Thema unter Einbeziehung des Gehirns und der Körperintelligenz, schreibt Dr. med. Christiane Northrup.[16]

Warum ist das so? In der Urzeit waren Frauen für viele Dinge zuständig. Sie mussten immer mehrere Dinge gleichzeitig erledigen. Das Essen zubereiten, währenddessen das kleine Kind auf den Hüften wiegen und gleichzeitig das Mammut mit einem kräftigen Tritt vertreiben. Ihr eigenes Verhalten hatte nicht nur Konsequenzen für sie selbst, sondern wirkte sich unmittelbar auf die ganze Familie oder sogar den Stamm aus. Diese Notwendigkeit hat zu spezifischen weiblichen Hirnstrukturen geführt. Dieser weibliche Denkstil unterscheidet sich vom männlichen. Frauen greifen umfassender auf ihr Körperwissen zurück.[17]

In Schulen und Organisationen wird vorwiegend noch immer dem linearen Verstand mehr Beachtung geschenkt. Im reinen Intellekt können jedoch niemals die Lösungen gefunden werden, welche die Menschheit zur Bewältigung der gegenwärtigen Krise so dringend benötigt. Die Antworten auf die Krise der Gegenwart müssen immer auf mehreren Ebenen gesucht werden. Dazu muss die ganzheitlich betrachtete Intelligenz einen neuen Stellenwert in der Gesellschaft einnehmen. Männer erleben Intelligenz eher in dem, was sie sich im Kopf zurechtlegen können. Das Gefühlsleben ist aus ihrer Perspektive meistens etwas Unscharfes. Die Intelligenz der Frau ist jedoch eng mit ihrem Körper und ihrem Gefühlsleben verbunden. Dies zu verstehen hilft uns, die Unterschiede weiblicher und männlicher Intelligenz zu würdigen und sie nicht ständig miteinander zu vergleichen oder gegeneinander aufzuwiegen.

In unserer Gesellschaft neigen wir dazu, dem Verstand einen hohen Stellenwert zu geben und ihn sehr oft auch zu überschätzen. Wir lassen uns immer wieder dazu verführen, auf die Entwicklung der Vernunft ein zu großes Gewicht zu legen. Die Instanz des Denkens wird von Kindheit an einseitig geschult, ohne den Gefühlen und der Wahrnehmung genügend Raum zuzugestehen. Es hat bei mir sehr

*Die **Instanz des Denkens** wird von Kindheit an einseitig geschult, **ohne den Gefühlen und der Wahrnehmung** genügend Raum zuzugestehen.*

lange gedauert, bis ich diese Tatsache annehmen konnte. Hat man mir doch über viele Jahre hinweg vehement vermittelt, was unter »wahrer« Intelligenz verstanden wird. In der Schule habe ich gelernt, dass nur der eine, lineare Weg seine Gültigkeit hat. Es wurden über viele Jahre große Teile meiner Intelligenz abgewertet. Im Gymnasium litt ich sehr darunter. Je mehr sich meine Ängste vor der Schule schürten, desto schlechter wurden meine Noten. Ich dachte ich sei nicht intelligent. Ich zog mich immer mehr zurück. Erst in der Oberstufe konnte ich ein ganzheitlicheres Konzept des Unterrichtens kennenlernen. Ich besuchte eine Schule, in der nicht nur das reine Verstandesdenken im Vordergrund stand, sondern auch kreative Betätigungen wie Musik, Tanz, Kunst und Pädagogik meine Seele nährten. Es gab nicht nur richtige und falsche Antworten auf eine Frage. Sondern der Mensch wurde ganzheitlich betrachtet. Ich lernte mir selbst und meinen Denkprozessen wieder zu vertrauen. Das wirkte sich im positiven Sinne unmittelbar auf meine Noten aus. Dennoch dauerte es noch viele Jahre, bis ich auch wirklich dazu stehen konnte. Nach und nach lernte ich, wieder alle Ebenen meiner Intelligenz zu nutzen. Und genau diese weibliche Intelligenz hat mich auch zu meinem beruflichen Erfolg geführt. Die Schritte, die wir gemeinsam in diesem Buch gehen, haben mich maßgeblich dabei unterstützt.

Eine besonders schöne Metapher hörte ich letztens bei einem Seminar: Wenn eine Frau wie ein Schiff ständig versucht, den nächsten Hafen im Blick zu haben und diesen anzusteuern, wird sie das früher oder später erschöpfen. Sie denkt dann linear, also auf männliche Weise. Frauen sind nicht das Schiff, sondern der Ozean. Sie denken wie der Ozean und genau das macht sie glücklich.

Intuition

Intuition ist eine Form der ganzheitlichen Wissenserfassung. Sie ist in den weiblichen Yin-Qualitäten beheimatet. Um Zugang zu deiner dir innewohnenden, weiblichen Kraft zu bekommen, ist es unerlässlich,

Gut zu wissen

Die innere Stimme ist unmittelbar in unserem Körper zu Hause. Nicht nur im Herzen, sondern auch im Solarplexus und im Bauch. Im Verdauungstrakt, der oft auch als das zweite Gehirn bezeichnet wird, finden wir ein mittlerweile wissenschaftlich anerkanntes Nervensystem, das unabhängig vom Gehirn fungiert. Auch im Sonnengeflecht finden wir eine Art primitives Gehirn, das uns intuitiv mitteilt, ob wir jemanden trauen können oder nicht. Unser Körper ist somit ein einziges Wunderwerk, das eng mit uns zusammenarbeiten möchte. Diese Körperintelligenz gilt es wieder zu beleben und als weisen Ratgeber zu nutzen.

wieder der Ebene der Intuition und des Fühlens zu begegnen. Diese Art des »Denkens« wurde uns Frauen sozusagen in die Wiege gelegt.

Noch vor der Verbreitung gesellschaftlicher Strukturen, die eine männliche sowie rationale Dominanz mit sich brachte, hatte die Verbindung zur Natur und das Vertrauen in die eigenen Empfindungen eine große Bedeutung. Es war die Zeit, bevor die Wissenschaft mit harten Fakten Einzug erhielt. Durch den Leitspruch des Philosophen René Descartes »Ich denke, also bin ich« im 16. Jahrhundert wurde die Trennung von Fühlen und Denken, von Körper und Geist verstärkt. Alles, was nicht diesem Bild entsprach, wurde als Betrug hingestellt. Die Menschen begannen immer mehr, ihrer Intuition zu misstrauen. Die meisten von uns gehen davon aus, dass wir das, was wir nicht angreifen können oder nicht verstehen, als falsch ansehen müssen. Wir sind erzogen worden, auf den Verstand zu hören und nur das zu glauben, was wir sehen und was auch bewiesen ist.

Wenn wir tatsächlich im rationalen Denken die Lösungen für all unsere Probleme finden würden, dann würden nicht immer mehr

Frauen, sondern auch Männer das Gefühl haben, am eigentlichen Leben vorbeizuleben. Wir hätten nicht diese massiven Stresserscheinungen, Erschöpfungszustände und hohen Burnoutraten. Wenn wir tatsächlich alles mit dem Verstand lösen könnten und rein das rationale Denken seine Richtigkeit hätte, dann würden wir nicht vor den momentanen Problemen stehen, die uns gesundheitlich, gesellschaftlich und wirtschaftlich bis an unsere Grenzen bringen.

Aber warum vertrauen so viele von uns auf das reine rationale Denken? Das ist ganz einfach. Die Intuition und die Ebene der Gefühle sind einfach schwerer zu fassen. Intuition lässt sich nicht so einfach beweisen oder festmachen. Aber jeder hat diese Intuition. Sie kommt aus uns. Vor allem uns Frauen liegt die Ebene der Intuition sehr nahe und verbindet uns, wenn wir sie wieder bewusst einsetzen, mit dem Leben, das uns nährt und stärkt. Wenn Frauen jedoch unter Stress stehen, ist die innere Stimme kaum noch hörbar. Frauen können sie nicht mehr wahrnehmen, weil es um sie herum immer lauter wird, die To-do-Liste immer länger wird und die Dringlichkeitslawine nicht mehr abreißt. Deshalb gehört zum ersten wesentlichen Schritt, um die weibliche Intelligenz wieder wahrzunehmen, sich bewusst Yin-Zeiten einzuräumen und im Hier und Jetzt anzukommen. Wie in den vorherigen Kapiteln erläutert, gehören dazu die Mediation, die tiefe Bauchatmung, heilsamer Schlaf, Aufenthalte in der Natur, Digital-Detox und das Erkennen der Lücke zwischen Reiz und Reaktion. Sobald wir uns wieder Raum für Stille und zum Atmen nehmen, können wir die eigene innere Stimme wieder hören.

Es gab sehr einschneidende Momente in meinem Leben, in denen ich mich zwischen der Stimme meiner Intuition und der meines Verstandes entscheiden musste. Zum Beispiel, als ich als junge Frau meinen Job kündigte. Im Herzen wusste ich schon lange, dass mich dieser Job nicht erfüllte. Mein Kopf sagte jedoch: »Es ist ein toller Job. So einen bekommst du nie wieder!« Erst, als mir mein Körper massive Schmerzen schickte, war meine Intuition im Krankenhaus absolut klar. »Geh los, Tanja. Geh deinen Weg.« Auch während meiner Krise vor einigen Jahren verlief es ähnlich. Mein Kopf sagte: »Ich muss dieses eine Buch fertig schreiben.« Immerhin hatte ich schon 180 Seiten geschrieben. Es jetzt einfach wegzuwerfen passte meinem Verstand absolut nicht in die Tüte. Aber meine Intuition teilte mir ausdrücklich mit: »Das lässt du jetzt sein. Du wirst nicht glücklicher, wenn du dieses Buch zu Ende schreibst. Dein Weg geht in eine andere Richtung.« Und auch jetzt vergeht kein Tag, an dem meine Intuition mir nicht den Weg weist. Bei dir ist es vielleicht etwas ganz anderes. Vielleicht möchtest du dir ein Jahr Auszeit nehmen. Vielleicht möchtest du dem Menschen, in den du verliebt bist, endlich sagen, wie sehr du ihn liebst. Vielleicht wünschst du dir mehr Zeit für deine Kinder. Oder vielleicht ist es etwas ganz Triviales, wie dein Gefühl, das dir sagt, dass kein Gemüse mehr im Kühlschrank ist.

Intuition ist eine leise Stimme, die uns alle schon ein Leben lang begleitet. Wir wurden aber gut darin geschult, sie immer wieder zur Seite zu drängen. Denn die Stimmen im Kopf sind meistens sehr laut. Ich möchte die Stimme des Verstandes nicht missachten. Denken und Intuition können sich die Hand geben, sich gegenseitig ergänzen. Tatsächlich können wir sogar unseren Verstand nutzen, um intuitiv zu sein. Und dann greifen wir auf unsere weibliche Intelligenz zurück. Ich wusste im Krankenhaus, was ich wollte. Meine Intuition sagte mir, ich muss so schnell wie möglich raus aus diesem einengenden Leben. Aber schließlich nutzte ich meinen Verstand, um mir das aufzubauen, was ich mir wünschte. Ich nutzte ihn, um mir mein Unternehmen aufzubauen, meine Seminare zu planen und meine Bücher zu schreiben. Die Intuition jedoch war die leise Stimme im Hintergrund, die mich lenkte. Verbinden wir die Intuition mit dem Verstandesdenken, werden wir wahre Schöpferinnen unseres Alltags.

Angst versus Intuition

Deine Intuition ist nicht deine Angst! Ich kenne diese Stimme in mir sehr gut, die mir Angst macht. Sie ist sehr laut, wenn ich zum Beispiel in ein Flugzeug steige. Zugegeben, Flugzeuge gehören nicht zu meinen Lieblingstransportmitteln. Es kommen Gedanken wie: »Was ist, wenn das Flugzeug jetzt abstürzt? Ich habe keine Chance zu überleben. Meine Kinder haben dann keine Mutter mehr.« Das ist definitiv nicht die Stimme meiner Intuition. Das ist reine Angst. Die Intuition spricht klar und sauber und vor allem undramatisch. Sie plappert nicht andauernd. Sie ist nicht laut zu hören. Sie ist leise und schön.

Natürlich gibt es auch die Angst, die uns vor etwas beschützt. Als neulich eine große Bulldogge vor mir im Wald ihre Zähne fletschte, hatte ich Angst. Diese Angst ist berechtigt und in manchen Fällen überlebenswichtig. Sie beschützt uns vor gefährlichen Situationen. Dafür ist sie da. Würde ich aber jedes Mal auf meine Angst hören, wenn ich in ein Flugzeug steige, dann wäre ich noch nie in meinem Leben in ferne Länder gereist. Somit gilt es, diese beiden Stimmen klar voneinander zu unterscheiden. Die Angst ist meistens laut. Sie ruft: »Pass auf!« Die Intuition ist klein und zart und will uns eindeutig helfen.

Mit dem Herzen denken

Die Intuition ist auch im Herzdenken zu finden. Dein Herz verfügt über ein eigenes »Gehirn«. Das Energiefeld des Herzens ist viel größer, als das des Verstandes. Seit einigen Jahren bestätigt die Wissenschaft, dass es die sogenannte »Herzintelligenz« gibt. Man hat festgestellt, dass es dort ein eigenes neuronales System mit etwa 40 000 Nervenzellen gibt. Dieses ist mit dem Kopfgehirn in ständigem Austausch. Interessant ist, dass wesentlich mehr Informationen von »unten« nach »oben« weitergeleitet werden, als umgekehrt. Wir denken also mehr mit unserem Herzen, als den meisten von uns bewusst ist.

Lass dich von deinem Herzen leiten. Lass dir von ihm die Richtung zeigen. Dein Herz weiß genau, was gut für dich ist. Nimm zuallererst einfach einmal Kontakt mit deinem Herzen auf. Das alles braucht natürlich Zeit, die du dir geben solltest. Zu Beginn ist es oft am einfachsten, dem Herzen ein absichtsloses Lächeln zu schenken.

Herzmeditation

Setze dich aufrecht hin. Nimm die Königinnenhaltung ein. Lege deine Handflächen auf deinen Oberschenkeln ab und öffne sie nach oben. Schließe nun deine Augen.

Nimm deinen Atem wahr. Du atmest ein und aus. Komme bei dir an.

Forme mit deinen Lippen ein kleines Lächeln. Es muss von außen kaum wahrnehmbar sein. Nur spürbar für dich. Lächle dir selbst zu.

Dann schicke dieses Lächeln zu deinem Herzen. Lächle deinem Herzen zu.

Spüre nach, wie das Lächeln bei deinem Herzen ankommt.

Sieh gut hin, dein Herz lächelt dir zurück.

Spüre nach, welche angenehmen Empfindungen in deinem Körper spürbar werden, wenn ihr euch gegenseitig zulächelt.

Du lächelst zu deinem Herzen, dein Herz lächelt zu dir zurück.

Genieße für ein paar Atemzüge, dieses unglaublich warme Gefühl. Dieses Gefühl, dass es gut so ist, wie es ist. Das Gefühl, bei dir angekommen zu sein.

Nimm dieses Lächeln mit in deinen Tag. Lächle deinem Herzen immer wieder einmal zu.

Nimm wahr, wie dir dein Herz zurücklächelt und nimm es gerne an.

Dann nimm ein paar Atemzüge und komme wieder zurück in dein Alltagsgeschehen.

Gut zu wissen

Das Herz hat sein eigenes, unabhängiges, komplexes Nervensystem, das als »das Gehirn im Herzen« bekannt ist. Das elektromagnetische Feld des Herzens ist etwa sechzigmal größer als das des Gehirns und durchdringt jede Zelle des Körpers. Die magnetische Komponente ist etwa 5000-mal stärker als das Magnetfeld des Gehirns und kann mit empfindlichen Magnetometern mehrere Meter vom Körper entfernt detektiert werden.

Ich habe es meinem Herzen zu verdanken, dass wir unsere Kinder zu Hause im geschützten Raum einer Hausgeburt zur Welt bringen konnten. Mein Herz teilte mir unmittelbar mit »Du entbindest deine Kinder zu Hause«. Auch wenn mein Verstand immer wieder dazwischenfunkte. Vor allem nach diversen Arztbesuchen. Meine Frauenärztin stand zwar hinter mir, dennoch versuchte sie, mich mit allen Mitteln von meinem Vorhaben abzubringen. Sie zählte mir alle möglichen Komplikationen auf, die bei einer Hausgeburt auftreten könnten. Welchen Gefahren ich und mein Kind dabei ausgeliefert wären. Ich verstand ihre Argumente natürlich. Es gehört zu ihrem Job, mir die Risiken aufzuzeigen. Dennoch entschieden wir uns für Hausgeburten. Ich bin heute noch unfassbar dankbar dafür, dass mein Herz mir diese Möglichkeit des Entbindens nahegelegt hat.

Das Herz gehört zu einem unglaublich intelligenten Organ. Es besitzt eine Weisheit, mit der der Intellekt nicht mithalten kann. Diese angeborene Intelligenz können wir nutzen, um Antworten auf tiefgründige Fragen zu bekommen. Wenn wir mit dem Herzen denken, lassen wir den Egoismus außen vor. Seine Intelligenz kümmert sich nicht um egoistische Konstrukte. Es ist neutral – im Gegensatz zum Verstand. Es ist wie eine gute Freundin, die nur das Allerbeste im Sinn

*Wenn wir mit dem **Herzen denken**, lassen wir den Egoismus außen vor.*

Female-Empowerment-Tipp

Herzintelligenz

Wenn du dich viele Jahre lang vorwiegend über deinen linearen Verstand definiert hast, dauert es natürlich seine Zeit, bis du deine Herzintelligenz wieder selbstverständlich einsetzen kannst. Sei geduldig mit dir selbst. In meinen Kursen vergleiche ich diesen Prozess immer gerne mit den ersten Fahrstunden. Wenn wir Auto fahren lernen und das erste Mal im Auto sitzen, fühlen wir uns völlig überfordert. Kupplung, Gas, Bremsen, rote Ampeln und Verkehrsschilder. Und dann auch noch der Fahrlehrer, der ständig dazwischenredet. Aber jetzt? Wenn du dich ins Auto setzt, legst du den größten Teil deiner Wegstrecke zurück, ohne großartig darüber nachzudenken, wie und wann du auf welches Pedal treten sollst. Lass dir Zeit dabei, dein Herzdenken als vertraute Begleiterin wieder in deinen Alltag einzuladen.

hat. Umgekehrt denkt das Verstandeshirn immer auch an vergangene Erfahrungen und an fehlerhafte Überzeugungen, die mit diesen Erfahrungen verbunden sind. Es versucht immer, die »richtigen« Antworten auf tiefen Fragen des Lebens zu geben.

In der folgenden Meditation, die ich an die Herzmeditation von Gregg Braden angelehnt habe, aktivierst du deine Herzintelligenz und Intuition.

Mit dem Herzen denken

Nimm eine bequeme, aber würdige Körperhaltung ein und schließe deine Augen. Atme einige Male tief ein und aus. Dies beruhigt dein Nervensystem und dein Gehirn.

Konzentriere dich auf dein Herz.

Nimm ein Gefühl der Dankbarkeit wahr. Es kann auch Mitgefühl oder Liebe sein. Diese Gefühle gehen in Kohärenz mit deinem Herzen.

Stelle deinem Herzen eine Frage. Die Frage sollte kurz und bündig sein.

Jeder erlebt die Intelligenz des Herzens etwas anders. Das Herz spricht direkt und deutlich. Die Intelligenz des Herzens spricht nicht nur durch Worte, sondern auch durch innere Bilder. Wenn du dir nicht sicher bist, ob die Antwort vom Intellekt oder vom Herzen kommt, spiele den Prozess noch einmal durch, um deinen Körper wissen zu lassen, dass du die Intelligenz des Herzens suchst und nicht jene des Egos.

Je öfter du den Kontakt zu deinem Herzen suchst, desto leichter wird es sein, Antworten direkt aus deinem Herzen zu bekommen.

Das weibliche Becken

Eine besondere Stellung im Körper einer Frau nimmt das weibliche Becken ein. Symptome wie Menstruationsbeschwerden, Unterleibsschmerzen oder Endometriose sind für viele Frauen ein Dauerthema. Auch hier beginnt ein achtsamer und heilsamer Umgang mit dem Körper, wenn wir diese Symptome ernst nehmen und sie nicht als Problemzonen betrachten. Die Frauenforscherin Gabriele Pröll sieht dieses Phänomen in einem kulturhistorischen Zusammenhang. Es geht hier um einen Wandel des Frauenbildes. Sie sieht den Weg der Heilung durch den Abschied von einer überforderten Frauenrolle hinein in ein achtsames, lustvolles und wohlgenährtes Frausein. Weg vom Funktionieren hin zu mehr Empathie, Hingabe und hin zum Achten der weiblichen Rhythmen. Nachdem die meisten Frauen jedoch lange Zeit gelernt haben, ihre Bedürfnisse zurückzunehmen, braucht es auch hier Zeit und Raum, die oft verschütteten, weiblichen Qualitäten wieder fließen zu lassen.

Gebärmutter – weibliche Intuition

Die Gebärmutter wurde in allen alten Kulturen der Welt verehrt. Sie galt in vielen Traditionen als das zentrale Organ der Weiblichkeit. Die Gebärmutter ist der Wohnort der Weiblichkeit schlechthin. In der positiven Verbindung zur eigenen Gebärmutter liegt ein unglaublicher Schatz verborgen. Wie wir bereits wissen, liegt es uns Frauen sehr nahe, mit dem Körper zu denken. Es ist auch möglich, mit der Gebärmutter zu denken. Es ist nicht dasselbe Denken, wie wir es mit unserem Verstand praktizieren. Vielmehr ist es ein Denken in Bildern und Stimmungen.

Falls du keine Gebärmutter mehr haben solltest, ist ihre Energie dennoch noch da und du kannst dich mit ihr verbinden.

Falls dir dies alles sehr ungewohnt vorkommen sollte, beginne am besten ganz langsam und behutsam, mit ihr in Kontakt zu treten.

Meditation

Lege dich auf den Rücken und entspanne dich. Atme ruhig ein und aus.

Lege deine Hände auf deinen Bauch, deine Gebärmutter. Stelle dir vor, dass du einen ganz besonderen Schatz in dir trägst. Einen Schatz, der in vielen Kulturen früherer Zeiten verehrt und angebetet wurde.

Lasse deinen Atem direkt zu deiner Gebärmutter fließen und erfreue dich daran, dass du diesen besonderen Schatz in dir trägst.

Wie geht es deiner Gebärmutter? Wie fühlt sie sich in deinem Körper? Wie ist deine Beziehung zu ihr? Fühlt sie sich in deinem Körper entspannt? Ist es ihr wohlig warm? Oder ist sie eher hart und angespannt?

Schicke ihr mit jedem Atemzug ein tiefes Gefühl der Entspannung und des Vertrauens.

Spüre einmal nach, wie es sich für dich anfühlt, in unterschiedlichen Situationen nicht nur mit deinem Kopf zu denken und zu analysieren, sondern nachzuspüren »Was sagt meine Gebärmutter dazu? Was sagt mein Unterleib dazu?«

Du kannst deiner Gebärmutter die unterschiedlichsten Fragen stellen, auch wenn das zu Beginn vielleicht ungewohnt ist. Du kannst sie fragen, was sie braucht, damit sie sich wohlfühlt. Ihre Antworten lassen sich eher erspüren, als mit dem Verstand begreifen. Sie antwortet in ihrer ganz eigenen Sprache. Manchmal auch nicht sofort, sondern erst in einigen Stunden oder Tagen. Vielleicht tauchen die Antworten in einem Traum oder in einer Meditation auf. Sie wird sich in den richtigen Momenten deines Lebens melden.

Dann öffne wieder deine Augen und komme zurück zu deinem Alltagsgeschehen.

Nimm ihr Empfinden im Laufe des Tages einfach immer wieder einmal wahr. Spüre nach, wie es ihr geht oder was sie von dir brauchen könnte.

Kreativität

Die Themen der Gebärmutter und der inneren Beckenorgane sind einerseits emotionale Stabilität und finanzielle Sicherheit sowie andererseits die Fähigkeit, die eigene Kreativität voll ausdrücken zu können. Einerseits sind es stabile und nährende Beziehungen, die diesen Bereich harmonisieren, andererseits stellt sich immer wieder die Frage, ob die Kreativität sowie die eigenen Wünsche und Bedürfnisse zum Ausdruck gebracht werden können.

Ich erinnere mich an eine Teilnehmerin einer meiner Seminare. Sie hatte vor zwei Jahren ihren Mann bei einem Verkehrsunfall verloren. Mit 38 Jahren bekam sie jetzt plötzlich ein Gebärmuttermyom und eine Eierstockzyste. Ich fragte sie, ob in ihrem Alltag Zeit wäre, ihre kreativen Bedürfnisse umzusetzen. Sie meinte, am liebsten würde sie ihren Krankenhausjob aufgeben und einen kleinen Laden aufmachen. Zu der Zeit, als sie am Seminar teilnahm, arbeitete sie als Krankenschwester im Krankenhaus. Ihre Arbeit hatte sich im Laufe der Jahre massiv verändert. Sie betreute mittlerweile vorwiegend Krebspatienten im Endstadium und war für die Verabreichung der Chemotherapien zuständig. Sie war nach wie vor gerne Krankenschwester, doch das stundenlange Verabreichen hoch giftiger Medikamente in geschlossenen Räumen setzte ihr zunehmend zu. Ihr Wunsch war es schon seit Langem, eine Nähstube aufzumachen. Sie liebte bunte Stoffe und hatte ein Händchen dafür, verspielte, ausgefallene Kleidungsstücke für Frauen herzustellen. Immer wieder träumte sie davon, einen kleinen Laden aufzumachen. Dieser Gedanke erfüllte sie mit Freude. Wie sie im Laufe unserer Gespräche erkannte, wollte ihre Gebärmutter ihr etwas mitteilen.

Gut zu wissen

Psychoneuroimmunologie heißt die Wissenschaft, die sich mit der Verbindung zwischen Körper und Geist beschäftigt. Unsere Gefühle, Gedanken und unser Gehirn kommunizieren direkt mit unserem gesamten Körper. Da die Gebärmutter, die Eierstöcke, das Herz und die weißen Blutkörperchen genau die Chemikalien produzieren, die auch das Gehirn braucht, um zu denken, können wir folgenden Schluss daraus ziehen: Der Geist ist im ganzen Körper des Menschen angesiedelt und noch darüber hinaus.[18] Somit ergibt es keinen Sinn, den Intellekt des Menschen rein auf sein Gehirn zu beschränken. Er ist in jeder Zelle des Körpers zu finden.

Die Gebärmutter ist eng mit der inneren Welt einer Frau verbunden. Sie steht für die eigenen Träume und Visionen und steht für das Selbst, das sie »gebären« möchte. Die Gebärmutter fühlt sich wohl, wenn eine Frau an sich glaubt und ihre Träume und ihre Kreativität zum Ausdruck bringen kann. Wenn Frauen sich mit ihrer Gebärmutter verbünden, kommen sie in ihre weibliche Kraft.

Die Intelligenz der Gefühle

Wenn Frauen wegen Angstzuständen, Stresssymptomen oder Erschöpfung meine Beratung in Anspruch nehmen, weiß ich, dass unterdrückte Gefühle an die Oberfläche geholt und verarbeitet werden möchten. Die größte Angst meiner Klientinnen ist, dass sie im Alltag die Kontrolle verlieren könnten. Sie möchten alles gerne im Griff ha-

Female-Empowerment-Tipp

Wellness für den Beckenboden

- Tue deinen Beckenorganen Gutes, indem du ihnen Raum gibst. Setze dich hin wie eine Königin, Raum einnehmend, im Becken ruhend, wie in einer stabilen Schale. Dann atme und lächle deinem Beckenraum zu.
- Wenn dein Unterbauch nach Wärme verlangt, gib diesem Impuls nach. Lege eine Wärmeflasche auf, nimm ein warmes Bad oder lege deine warmen Hände auf deinen Bauch. Die Gebärmutter liebt warme Sitzbäder mit Schafgarbe, Meersalz oder Frauenkräutern. Kräuter, Wickel, Aufgüsse und Dampfbäder werden seit jeher zur Linderung von Unterleibsbeschwerden angewandt.
- Wärme kann auch durch Meditation und Visualisierung erzeugt werden. Setze dich aufrecht hin und stelle dir vor, dass in deinem Becken ein angenehmes, warmes Feuer lodert. Atme tief ins Becken und bleibe in Kontakt mit dir.
- Entspannungsmusik kann die Entspannung des Beckenraumes ebenso fördern. Lausche bewusst den Klängen der Musik und versuche wahrzunehmen, wo die Klänge im Körper zu spüren sind.
- Der Beckenraum liebt Weite. Atme so lange tief in deinen Unterbauch, bis du das Gefühl hast, dass er sich entspannt und weit wird. Stelle dir dein Becken wie eine große Schale vor. Lasse Raum entstehen für deinen weiblichen, schöpferischen, kreativen Raum. Atme die ganze Fülle des Lebens in dein Becken ein.
- Verschiedene Bewegungstechniken wie Bauchtanz, Beckenbodengymnastik, Yoga oder das speziell für Frauen entwickelte Luna-Yoga eigenen sich besonders gut dafür, den Beckenraum zu entspannen, zu durchbluten und zu weiten.

ben. Doch die Symptome zeigen ihnen unmittelbar, dass der Körper immer am längeren Hebel sitzt. Er übernimmt dann zum Beispiel während einer Panikattacke einfach das Kommando. In den Beratungen kommen meist lang verdrängte Gefühle zum Vorschein. Während des Prozesses könnte es den Anschein machen, als würden die Frauen jetzt tatsächlich die Kontrolle verlieren, wenn sie weinen, sie wütend werden oder sie sich ihre Ängste zugestehen. Dem ist aber nicht so. Ihr Verstand tritt lediglich einen Schritt zurück und lässt dem Körperwissen den Vortritt. Das, was schon lange angesehen werden möchte, darf sich nun zeigen. Dabei muss nicht immer alles vom Intellekt verstanden werden. Wenn du als Kind traumatische Erfahrungen gemacht haben solltest, hole dir in diesem Fall auf jeden Fall die professionelle Hilfe eines Therapeuten!

In den meisten Fällen laufen die Prozesse des Unterdrückens natürlich unbewusst ab. Von klein auf wurden wir darin geschult, unsere Gefühle zu unterdrücken oder zu verdrängen. Beobachte doch einfach einmal einen Erwachsenen mit einem Kind auf dem Spielplatz. Wenn sich das Kind verletzt, wird meistens schnell getröstet oder abgelenkt. Sehr selten sieht man Eltern, die ihre Kinder einfach in den Arm schließen, ohne den Schmerz auf die eine oder andere Art zu überspielen. Wenige Eltern muten es ihrem Kind zu, einfach zu weinen, wenn ihm danach ist. Bei den Kindern im Kinderhaus, in dem ich viele Jahre gearbeitet habe, war das Verdrängen der eigenen Gefühle gang und gäbe. Sehr gut kann ich mich noch an Johanna erinnern. Sie war zwei Jahre alt und stand täglich am späten Nachmittag am Küchenfenster, um nach ihrer Mama Ausschau zu halten. Als Mama dann endlich da war, begann Johanna zu weinen. Sie war traurig und wahrscheinlich auch wütend, dass ihre Mama sie so lange alleine gelassen hatte. Ich kann mich erinnern, dass ihre Mutter sie beim Wiedersehen nie in den Arm nahm. Nie sagte ihre Mutter Worte wie: »Du bist traurig mein Schatz. Ich sehe es. Ich bin da für dich. Traurig zu sein, ist dein Recht«. Nein, das, was Johanna täglich beim Abholen zu hören bekam, war: »Du weißt doch, dass ich Arbeiten gehen muss. Sonst verdiene ich zu wenig Geld, um mit dir in den

Urlaub zu fahren. Hör doch auf zu weinen, das hat doch keinen Sinn.« Wenn Johanna im Laufe ihres Lebens immer wieder mit solchen oder ähnlichen Situationen konfrontiert werden würde, grenzte es an ein Wunder, wenn sie als erwachsene Frau ein gutes Körperbewusstsein entwickelt hätte.

Was hätte Johanna damals vermutlich geholfen, zu lernen, auf ihre Körperintelligenz zu hören und sich selbst zu vertrauen? Eine Umarmung, ein liebevoller Blick und das Gefühl, dass ihre Gefühle jederzeit ihre Berechtigung haben. Es braucht in diesen Situationen kein Verdrängen oder Überspielen, sondern ein Anerkennen dessen, was gerade ist. Wenn Johanna jetzt zu mir in die Beratung kommen würde, dann würden wir Schritt für Schritt diesen Weg gemeinsam nachholen. Was würde das für Johanna bedeuten? Dass sie lernt, selbst ihre Gefühle ernst zu nehmen, sie nicht verdrängt oder missachtet. Dass sie sich selbst in den Arm schließt, sich selbst treu bleibt und Selbstfürsorge betreibt.

Denn auch wenn die Grundstruktur des Gehirns von frühen Lebensumständen geprägt wird, wissen wir mittlerweile, dass diese sich bis ins hohe Lebensalter hinein weiterentwickeln können. Das heißt, du kannst dich jederzeit neu erfinden. Sobald wir Neues erleben, andere Erfahrungen machen oder neue Gedanken denken, beginnt sich unser System zu verändern. Gedanken, Gefühle und Körper stehen dabei in enger Wechselwirkung zueinander. Grundsätzlich können wir auf allen drei Ebenen ansetzen, um eine positive Veränderung im Leben zu bewirken: auf der Köperebene, der Gedankenebene und der Gefühlsebene. Eine wesentliche Rolle spielt dabei die Wiederholung neuer Erfahrungen, damit alte Muster überschrieben werden können.

Außerdem bin ich fest davon überzeugt, dass es hier keine Schuld im eigentlichen Sinne gibt. Wir müssen uns verabschieden vom Ursache-Wirkung-Prinzip. »Weil ich über viele Jahre meine Gefühle unterdrückt habe, leide ich jetzt unter Erschöpfungszuständen«. So einfach ist das nicht. Keiner hat Schuld daran. Mit der Kontrolle des Bewusstseins oder des Verstandes lassen sich Krankheiten nicht

Female-Empowerment-Tipp

Unsere innere Stimme

Der Weg der weiblichen Intelligenz äußert sich über Emotionen, Gedanken, Körpergefühle und Träume. Die innere Stimme wahrzunehmen bedeutet so viel wie mit Verstand, Psyche, Körper und Geist wahrzunehmen. Wir können nicht nur mit unserem Gehirn denken, sondern auf eine ganzheitliche Art auch mit unserem Herzen, unserem Sonnengeflecht oder dem Unterleib. Die innere Stimme weist uns den Weg zu unserer größtmöglichen Erfüllung eines selbstbestimmten, individuellen Lebens. Lausche vermehrt auf deine innere Stimme und versuche, dich selbst nach und nach immer mehr auf eine ganzheitliche Art und Weise wahrzunehmen. Gehe dabei achtsam und liebevoll mit dir um. Es gibt auf diesem Weg kein Richtig oder Falsch. Der Weg ist das Ziel.

so einfach erklären. Jedoch sollten wir unserem Körper diesen Weg der Heilung anbieten und uns für seine Botschaften und Geheimnisse wieder öffnen. Es geht um ein Hinhören und Wahrnehmen der eigenen inneren Stimme. Was sie uns sagen will, kann lebensverändernd sein.

Zusammenfassung

Frauen verfügen über eine besondere weibliche Intelligenz. Die wichtige Rolle der Intuition, der Gefühle und der inneren Stimme zu verstehen, stellt für sehr viele Frauen einen heilsamen Weg dar.
Intuition ist eine Form der ganzheitlichen Wissenserfassung. Sie ist in den weiblichen Yin-Qualitäten beheimatet. Um Zugang zu deiner dir innewohnenden, weiblichen Kraft zu bekommen, ist es unerlässlich, wieder der Ebene der Intuition und des Fühlens zu begegnen.
Es liegt uns Frauen näher, mit unserem Herzen zu denken, als mit unserem Verstand. Diese Art des »Denkens« wurde uns Frauen sozusagen in die Wiege gelegt.
Eine besondere Stellung im Körper einer Frau nimmt das weibliche Becken ein. Die Gebärmutter ist der Wohnort der Weiblichkeit schlechthin. Tue deinen Beckenorganen Gutes mit heißen Kompressen, heißen Sitzbädern, Meditation oder Yoga.
Die innere Stimme ist unmittelbar in unserem Körper zu Hause. Nicht nur im Herzen, sondern auch im Solarplexus und im Bauch. Im Verdauungstrakt, der oft auch als das zweite Gehirn bezeichnet wird, finden wir ein mittlerweile wissenschaftlich anerkanntes Nervensystem, das unabhängig vom Gehirn fungiert. Auch im Sonnengeflecht finden wir eine Art primitives Gehirn, das uns intuitiv mitteilt, ob wir jemandem trauen können oder nicht.
Unser Körper ist somit ein einziges Wunderwerk, das eng mit uns zusammenarbeiten möchte. Diese Körperintelligenz gilt es wieder zu beleben und als weisen Ratgeber zu nutzen.

Zyklisch leben

Wir sind von Zyklen umgeben

Frauen tut es gut, wenn sie sich auf den natürlichen Rhythmus des Lebens zurückbesinnen. Wir finden Rhythmen überall in der Natur. Der Rhythmus des Herzschlags, das regelmäßige Ein- und Ausatmen unserer Lungen, der Schlaf-wach-Rhythmus, der Wechsel von Ebbe und Flut, die Bewegungen des Mondes, der Menstruationszyklus, der wiederkehrende Wechsel der Jahreszeiten. Wir sind keine Maschinen, die hier sind, um möglichst reibungslos zu funktionieren. Wir sind Lebewesen, die geboren werden, wachsen, sich entfalten und wieder verblühen. Wir haben Anteil am großen Rhythmus des Lebens.

Frauen leben kraftvoller, lebendiger und sind weniger erschöpft, wenn sie sich auf den natürlichen Rhythmus des Lebens einlassen und dem zyklischen Leben wieder Raum geben. Sie bleiben sich selbst treu. Sie beginnen wieder, mit dem Leben zu tanzen und die natürlichen Rhythmen zu achten. Die unterschiedlichen Phasen des Lebens werden wieder bewusst erlebt. Tiefes Vertrauen lässt sich erfahren.

Zyklisches Zeitdenken

Die Zeit scheint ein Geheimnis zu sein, das auch der modernen Wissenschaft noch immer unlösbare Rätsel aufgibt. Tatsache ist, dass die meisten von uns im Hamsterrad der Zeit gefangen sind. In unserer westlichen Kultur haben wir ein Zeitempfinden, das sehr hinderlich wirken kann. Wir denken linear. Die Zeit wird als etwas Nichtwiederkehrendes empfunden. Auch in Schulen des Zeitmanagements wird so gedacht. To-do Listen werden befüllt, eines nach dem anderen erledigt und andauernd dem befriedigenden Gefühl, etwas abgehakt zu haben, hinterhergehechtet. Das lineare Zeitdenken entspringt dem Yang-Prinzip. Es kann das Gefühl der Erschöpfung und des Ausgebranntseins massiv beschleunigen.

Lassen wir uns auch in Zusammenhang mit der Zeit auf die Ebene des Yin ein, die uns Frauen stärkt, gehen wir von einer kreisförmigen oder spiralförmigen Zeit aus. Das wiederholende Element spielt hier eine große Rolle und entspricht der Zeitqualität des Yin. Zeit wird nicht linear empfunden, sondern vielmehr kreisförmig. Dieses Zeitempfinden ist uns Frauen sehr viel näher als die lineare Zeitvorstellung. Der Weg des Weiblichen ist nicht linear. Yin bewegt sich in Kreisen und Wellen. Für unseren Verstand ist das nur schwer nachzuvollziehen. Aber für die weibliche Natur ist es das Selbstverständlichste auf der Welt. Denken wir nur an unseren Menstruationszyklus, der verlässlich jeden Monat dieselben Phasen durchläuft. Oder die kreisenden Bewegungen der Sonne – verlässlich erscheint sie am Morgen, steht zu Mittag hoch am Himmel und geht am Abend unter. So ist es auch mit dem wiederholenden Kreislauf der Jahreszeiten.

Die zyklische Auffassung der Zeit erleichtert es Frauen, gelassen und voller Energie durch den Alltag zu gehen. Es gibt kein Versäumen oder Verpassen. Die Zeit wiederholt sich und es gibt immer wieder eine neue Chance, eine neue Gelegenheit. Allein wenn du dir dessen an einem turbulenten Tag bewusst wirst, wirst du eine gelassenere Haltung an dir wahrnehmen und fühlst dich in deinem Frausein genährt und gestärkt.

Der Garten

Mit der Metapher des Gartens können wir dieses zyklische Zeitdenken wunderbar versinnbildlichen. Jedes Jahr wieder kommen der Frühling, der Sommer, der Herbst und der Winter. Die Natur gibt das ihre vor. Im Vergleich mit den Jahreszeiten können wir das zyklische Empfinden der Zeit am besten nachvollziehen. Jedes Jahr im Frühling finden die jungen Blumen ihren Weg an die Erdoberfläche. Die Knospen treiben aus dem Baum aus. Im Sommer entfaltet sich der Garten zur vollen Pracht, um im Herbst seine Ernte preiszugeben. Im Winter wird pausiert, Kraft getankt, nach innen gekehrt. Alle Jahre wieder. Welch beruhigende Wirkung dies auf uns hat. Jedes Jahr gibt es eine neue Chance, dass alles wächst und gedeiht.

Der Garten, einmal vom Gärtner angelegt, wächst und gedeiht. Auch ohne viel Zutun des Gärtners. Der Gärtner greift sachte ein.

Lenkt im Hintergrund. Zieht und zerrt er zu viel an den kleinen Pflänzchen, so richtet er mehr Unheil an, als dass er dem Garten etwas Gutes tun würde. Der Gärtner ist sich bewusst, dass alles seine Zeit braucht. Geduld ist angesagt. Hat der Gärtner den Garten gut angelegt, also die Pflänzchen an die richtige Stelle gepflanzt, den Sonnenstand berücksichtigt, dann arbeitet der Garten sogar selbst für den Gärtner.

Perfektion ist dabei nicht unbedingt das Ziel. Mit der Zeit zu leben bedeutet auch, die Dinge wachsen zu lassen, eben wie in einem Garten. Gärten, die zu perfekt wirken, verlieren oft ihren eigenen Charme. Sie wirken zu glatt. Gelingt etwas einmal nicht, dann kommt bestimmt die nächste Chance. Es braucht immer wieder Zeit für Ruhe und Erholung, um dann die Projekte voller Energie umzusetzen.

Auch im weiblichen Zyklus finden wir das kreisförmige Zeitempfinden wieder. Das bewusste Erleben des Menstruationszyklus stellt eine enorme Kraftquelle für jede Frau dar.

Die Kraft des weiblichen Zyklus

Wir sind alle rot gekleidet. Wir haben uns im roten Zelt versammelt. Wir stehen im Kreis, singen, klatschen, stampfen mit den nackten Füßen auf die Erde. Es ist eine unglaubliche, kraftvolle Energie im Raum zu spüren. Marina Alzugaray tanzt und singt mit uns. Die in Kuba geborene Hebamme ist Geburtsaktivistin, internationale Speakerin und hat eine eigene Methode zur Geburtsvorbereitung im Wasser entwickelt. Sie ist Expertin für Delphin-Mensch-Interaktion und ganzheitliche Frauengesundheit. Ihr Alter lässt sich nur schwer schätzen. Einige meinen, sie sei siebzig, andere schätzen sie auf achtzig. Sie könnte auch älter sein. Ihre Haare sind unter einem Tuch versteckt, das sie zu einem Turban gewickelt hat. Die Falten in ihrem Gesicht erzählen ihre eigene Geschichte. Ihre Augen strahlen. Ihre Energie sprüht. Sie verbringt einige Tage mit einer Gruppe von Frau-

Gut zu wissen

Die psychologische Fachberaterin Ingrid Strobel erklärt in ihrem Buch »Stressbewältigung und Burnoutprävention«, dass das menschliche Gehirn Regelmäßigkeit und Ordnung liebt. Sich wiederholende (oder wiederkehrende) Abläufe geben ihm Sicherheit und Kontrollierbarkeit. Dieses Streben nach Sicherheit dürfte auch der Grund für die Erfindung der Uhr sein. Seit wir unseren Tagesablauf und Lebensrhythmus der Uhrzeit anpassen, wurden auch Arbeitsabläufe optimiert. Der Tages-, Wochen- und Jahresablauf orientiert sich nicht mehr am Rhythmus der Natur, sondern an dem der Uhr. Wir entfernen uns immer mehr vom natürlichen Leben und nähern uns immer mehr dem Burnout einer ganzen Gesellschaft. Früher richtete sich das Leben weitgehend nach dem Rhythmus der Natur. Die Uhrzeit gab es in der Wahrnehmung der Menschen nicht. Diese Taktung erscheint uns heute wie in Zeitlupe. Im Frühjahr wurde gesät. Dann gepflegt und gewartet. Im Herbst wurde geerntet. Im Winter war Zeit für Rückzug. Heute lebt der Mensch längst nicht mehr, um sein Überleben zu sichern. Gearbeitet wird, um Konsumgüter herzustellen. Die freie Zeit wird genutzt, um diese Konsumgüter zu konsumieren. Das alles könnte ja auch gutgehen, wenn wir den nächsten Schritt wagen würden. Wir wollen nicht zurück in die Steinzeit. Der nächste Schritt wäre, sich nicht rein über die Leistung zu definieren. Der nächste Schritt wäre, die modernen Annehmlichkeiten unserer Gesellschaft zu genießen und sich gleichzeitig zurückzubesinnen auf einen natürlichen Lebensrhythmus. Es wäre an der Zeit, die Errungenschaften der letzten Jahrhunderte zu genießen.

en an einem abgelegenen Ort Südösterreichs. Ich mitten unter ihnen. Wir bewegen uns mit ihr. Pure Frauenenergie ist im Raum zu spüren. Marina trägt das alte Wissen der Geheimnisse rund um die Menstruation in sich. Alle alten, indigenen Völker wissen um die Kraft des bewusst gelebten Menstruationszyklus. Marina bringt uns dieses alte Wissen wieder näher. Es wird viel im Kreis sitzend geredet in diesen Tagen. Aber auch gefeiert, getanzt, viele Stunden in der Schwitzhütte verbracht, im kalten Bach gebadet, gelacht, geweint, umarmt und gesungen. Hätte ich schon als sehr junge Frau Zugang zu diesem Wissen gehabt, hätte ich mit großer Gewissheit manch quälende Stunde im Bett nicht erlebt.

Als junge Frau litt ich unter den monatlichen Menstruationsbeschwerden. Ich kann mich an so manche Tage meiner Regelblutung erinnern, die ich im Bett windend, nicht ohne Wärmeflasche am Bauch überstanden hätte. Chronische Infekte gehörten zu meinem Alltag. Ich dachte, das alles sei normal und Frauen hätten das eben. Ich erlebte Menstruation als notwendiges Übel, das einmal im Monat das Leben erschwerte.

Mit der Geburt unseres ersten Kindes begann ich, mich mit dem Phänomen der Menstruation bewusst auseinanderzusetzen und fand darin eine enorme Kraftquelle. Ich habe gelernt, sie als emotionalen und spirituellen Wegweiser zu sehen. Bald darauf hatte ich keine Menstruationsbeschwerden mehr. Seit der bewussten Auseinandersetzung mit meinem weiblichen Zyklus liebe ich meine Menstruation. Sie stellt für mich eine powervolle Möglichkeit dar, meine Weiblichkeit zu leben und mitten im Leben voll und ganz in meiner Kraft zu sein.

Menstruation als Energiequelle

Frauen sind Energie und Kraft in ihrer reinsten Form. Um diese Kraft leben zu können, ist es unumgänglich, sich mit dem Zyklus der Menstruation auseinanderzusetzen. Das Wissen darum ist nicht nur für jede einzelne Frau so wertvoll, sondern auch für unser jetziges Zeitalter. Die Menstruation einer Frau wird seit Jahrhunderten verleugnet und abgelehnt. Mehr als die Hälfte aller Frauen leiden unter Menstruationskrämpfen (Dysmenorrhoe). Dass so viele Frauen davon betroffen sind, zeigt deutlich, dass das Verhältnis zum weiblichen Körper durcheinandergeraten ist. Die meisten Frauen haben nie gelernt, ihre zyklische Natur als eine positive Kraft zu sehen, als positiven Aspekt ihrer Weiblichkeit. Die meisten haben gelernt, ihre Menstruation am besten gar nicht zu beachten. Es wird so getan, als wäre sie nicht da und als gäbe es keinen Unterschied im Zyklusgeschehen einer Frau. Jeden Tag das Beste geben und glücklich sein müssen – das ist das, was zählt und belohnt wird. Es ist nicht verwunderlich, dass so viele Frauen am PMS (Prämenstruelles Syndrom) leiden. Viele Frauen glauben noch immer, sie seien durch ihre Menstruation eingeschränkt oder werden durch sie geschwächt auf dem Weg zu ihrem Erfolg. Es wird Zeit, dass wir Frauen uns zurückerinnern, dass genau das Gegenteil der Fall ist, wenn der Menstruationszyklus geachtet wird.

Das bewusste Leben des Menstruationszyklus ist Energie pur. Es ist der kraftvollste Zugang zu unserer ureigenen Energie. Es wird sich auch auf jeden Mann und die gesamte Gesellschaft befreiend auswirken, wenn Frauen wieder in ihre volle Kraft kommen. Wenn Frauen ihren Zyklus bewusst erleben und mit ihm zusammenarbeiten, wird eine neue Form der Intelligenz aktiviert.

Wir müssen wissen, dass sich eine Frau im Laufe ihres monatlichen Zyklus verändert. Doch diese Veränderungen sind keine Schwäche oder Energielosigkeit. Wie bei jedem zyklischen Prozess finden wir auch im Laufe des Menstruationszyklus Zeiten der Aktivität und Zeiten der Ruhe. Das ist völlig gesund und normal, solange wir Frauen uns dessen bewusst sind und dies auch akzeptieren. Denn das Problem ist nicht der Zyklus der Frau, sondern vielmehr unsere Kultur, die so wenig Raum lässt für echte Frauenpower und vorschreibt, wie wir wann, wo und wie lange zu funktionieren hätten. Auch jetzt noch sind so viele Frauen der Meinung, dass der Zyklus und die Zyklusschwankungen das Problem wären. Sie passen einfach nicht zu einer

*Das **bewusste Leben** des Menstruationszyklus ist Energie pur.*

Always-Happy-Gesellschaft. Aber nicht der Zyklus stellt das Problem dar, sondern unsere Gesellschaft, die vor so vielen Jahren beschlossen hat, wie Frauen zu sein haben.

Der erste Schritt in eine heilsame Richtung ist, sich mit dem eigenen Menstruationszyklus auszusöhnen. Er ist, so wie alles andere im Leben, einem Wechselspiel von Ruhe und Aktivität unterlegen. Während des Eisprungs zum Beispiel laufen die meisten Frauen zu ihrer Höchstform auf. Zumindest dann, wenn die Zeit der Blutung als Zeit der Ruhe und des Rückzugs akzeptiert wird. Solange du dich gegen dieses natürliche Wechselspiel wehrst oder es ablehnst, bleibt dir der Zugang zu dieser Kraftquelle verborgen. Sie liegt im Anerkennen dessen, dass natürliche, zyklisch-bedingte Schwankungen normal sind.

Ich möchte dich an die Zyklen der Natur erinnern, beispielsweise die Tageszeiten und die Jahreszeiten. Es hat wenig Sinn, diese von der Natur vorgegeben Zyklen zu ignorieren. In der Nacht ist die Zeit für den Schlaf vorgesehen. Wenn wir uns daran halten, haben wir am Tag die volle Power zur Verfügung. Halten wir uns jedoch nicht an diesen Rhythmus, merken wir früher oder später, wie ausgelaugt und erschöpft wir uns tagsüber fühlen. Ein gestörter Tag-Nacht-Rhythmus löst Gereiztheit, Müdigkeit, Energielosigkeit und Übellaunigkeit aus. Dasselbe löst ein gestörter Menstruationszyklus aus. Die meisten Frauen haben gelernt, diesen zu ignorieren, vor allem dann, wenn sie es im Leben zu etwas bringen wollen. Der erste wesentliche Schritt ist jedoch, deinen Zyklus anzunehmen wie er ist. Mit all seinen Höhen und Tiefen. Wenn du unter starken PMS-Beschwerden leidest, fällt es dir vielleicht schwer, meine Ansicht zu vertreten. Das kann ich sehr gut nachvollziehen. Dennoch ist der erste wesentliche Schritt, dich mit deinem Zyklus auszusöhnen und ihn anzunehmen, wie er ist.

Die Veränderungen während eines Zyklusverlaufs sind völlig normal. Das Bedürfnis, sich während der Menstruation zurückzuziehen oder empfänglicher für Stimmungen zu sein, ist keine Form der Schwäche. Ganz im Gegenteil. Es ist fester Bestandteil des Lebens, wie Tag und Nacht, Aktivität und Ruhe.

Annehmen, was ist

Somit liegt der erste Schritt bei jeder einzelnen Frau selbst. Es geht darum, den Zyklus anzunehmen, wie er ist. Ich verstehe, dass das nicht immer leicht ist. Gerade dann, wenn Menstruationsprobleme vorherrschen. Aber du erinnerst dich bestimmt an das »Annehmen« im Kapitel »Die Kraft der Krise«. Dies ist immer der erste wesentliche Schritt, wenn eine Veränderung eingeläutet werden will.

Wie bei einer Achtsamkeitsübung reicht zu Beginn oft das einfache Beobachten deines Zyklusgeschehens. Wenn dann Stimmungen und Gefühle wahrgenommen werden, reichen oft kleine Veränderungen, um eine große Veränderung herbeizuführen. Es ist ein achtsamer und liebevoller Umgang mit sich selbst. Beobachten, annehmen, etwas Freundliches anbieten. Jedoch gelingt dies gerade im Zusammenhang mit dem Zyklus nicht auf einer Ebene der Perfektion oder Kontrolle. Es funktioniert nicht, einfach mal schnell etwas zu ändern oder etwas erledigen zu wollen. Es geht um ein tatsächliches Einlassen auf den Kreislauf des Lebens. Es geht darum, Höhen und Tiefen anzunehmen, wie sie sind. Und die Tiefen nicht als etwas Negatives zu beurteilen, sondern als Zeiten des Rückzugs, der Innenkehr, des Neuordnens und Energietankens.

Das Ego hat in der Bewusstwerdung des Zyklusgeschehens nichts verloren. Es geht vielmehr darum, sich selbst anzunehmen und sich treu zu bleiben. Beim Menstruationszyklus geht es zusätzlich zum Annehmen auch um die Hingabe. Da wären wir wieder voll und ganz beim Yin-Prinzip. Annehmen und Hingabe läuten die Veränderung zu einem bewussten Zykluserleben ein und sind deine Freikarte in ein Leben voller Energie.

Im Zyklusverlauf erleben wir innerhalb eines Monats die gleichen Phasen wie im Jahreslauf. Es gibt Zeiten für Ruhe, Rückzug, Dunkelheit, Schöpfung, Neuwerdung, Geburt, Kraft, Energie und Helligkeit. Auch wenn sich die unterschiedlichen Phasen nicht immer leicht anfühlen mögen, so finden wir diese Aspekte des Lebens überall auf unserem Planeten wieder. Sie gehören zur weiblichen Natur. Entweder kämpfen wir gegen sie an und versuchen, sie zu ignorieren. Oder wir nehmen sie an und nutzen sie für innere Stärke, Klarheit und Energie. Diese Phasen geschehen. Wir können sie nicht beherrschen. Sie nehmen sich ihren Raum, ob wir wollen oder nicht. In ihnen können wir das Geheimnis des Lebens entdecken.

Es ist nicht zu übersehen, dass die sogenannte Via positiva, die Phase nach der Menstruation und vor dem Eisprung, in unserer Gesellschaft mehr Anerkennung geschenkt bekommt. Es wird wertgeschätzt, wenn wir voller Power unsere Ziele verfolgen, tun und machen, und vieles umsetzen. Sie ist auch die Phase, in der sich die meisten Frauen wohler fühlen. Sie sind es gewohnt, zu tun und umzusetzen. Eine starke Qualität, die für jede Frau im Leben sehr wichtig ist. Für die gegenüberliegende Phase, die Via negativa, scheint weniger Zeit und Bewusstsein da zu sein, zu wenig innere Bereitschaft, sich darauf einzulassen, hinzuhören, stiller zu werden. Wird jedoch nur die Via positiva gelebt, egal ob jede Frau für sich oder auch wirtschaftlich betrachtet, wird früher oder später ein tiefer Erschöpfungszustand spürbar. Es wird erkannt, dass Wachstum nicht ewig weitergeht und die Natur nicht ungestraft ausgebeutet werden kann. Doch leider empfinden sich auch Frauen heute noch als schwach oder Versagerinnen, wenn sie merken, dass in der zweiten Zyklushälfte die Energie etwas nachlässt. Dabei geht es nur um eine andere Herangehensweise an das Leben, die gleichermaßen kraftvoll ist, nur auf eine andere Weise, so beschreiben es auch Pope und Wurlitzer.

Menstruation als Ruhephase

Nachdem den meisten Frauen das aktive Tun vertrauter ist und sie dafür auch mehr Ankerkennung in unserer Gesellschaft bekommen, erachte ich es als außerordentlich wichtig, sich bewusst Raum und Zeit für Rückzug und Erholung zu nehmen. Ich erlebe in meinen Seminaren immer wieder, dass es schon fast eine Erlaubnis dafür braucht, sich Erholung zu gönnen, ohne dabei als schwach oder als Versagerin

Gut zu wissen

Die Pionierinnen auf dem Gebiet der »Menstrualitätsforschung« Alexandra Pope und Sjanie Hugo Wurlitzer sprechen von zwei Polen, die sich während eines Zyklusverlaufs gegenüberliegen. Der eine Pol ist die Menstruation, der andere Pol die Ovulation (der Eisprung). Diese beiden Pole sind wie Nord- und Südpol. Sie sind die potentesten und stabilsten Phasen im weiblichen Zyklus. Während der Menstruation richtet sich der Fokus nach innen. Ein Gefühl des Ganz-bei-sich-Seins überwiegt. Während der Phase des Eisprungs richtet sich die Energie nach außen, viel Energie steht zur Verfügung. Zwischen diesen beiden Polen befinden sich die Übergänge. Nach der Menstruation tritt die sogenannte Via positiva ein. In ihr liegt der Impuls, vorzutreten. In dieser Phase herrscht die Wirkkraft vor und unterstützt eine Frau darin, ihre Ideen anzugehen, durchzusetzen und zu verwirklichen. Es fällt in dieser Phase leichter, produktiv zu sein. Sie ist egobetonter, zielgerichteter und zweckorientierter und wird der linken Gehirnhälfte zugeordnet. Die Via negativa, die ihr gegenüberliegt (nach der Phase der Ovulation), prägt die zweite Zyklushälfte. Sie drängt nicht zum Vortreten, sondern zum Schritt zurück, wobei diese Zurückhaltung nicht als Einschränkung zu sehen ist. Jetzt tritt die rechte Gehirnhälfte in den Vordergrund. Es ist ein verstärktes Hinhören, Zulassen, den Dingen nachgehen, das Unbekannte hervorlocken. Es geht nicht mehr um das eigene Ego. Es geht um die verborgene Intelligenz und um den übergeordneten Sinn des eigenen Lebens. Keine Phase kann jedoch ohne die andere. Wie die rechte und die linke Gehirnhälfte gehören sie zusammen und sind erst miteinander vollständig.[19]

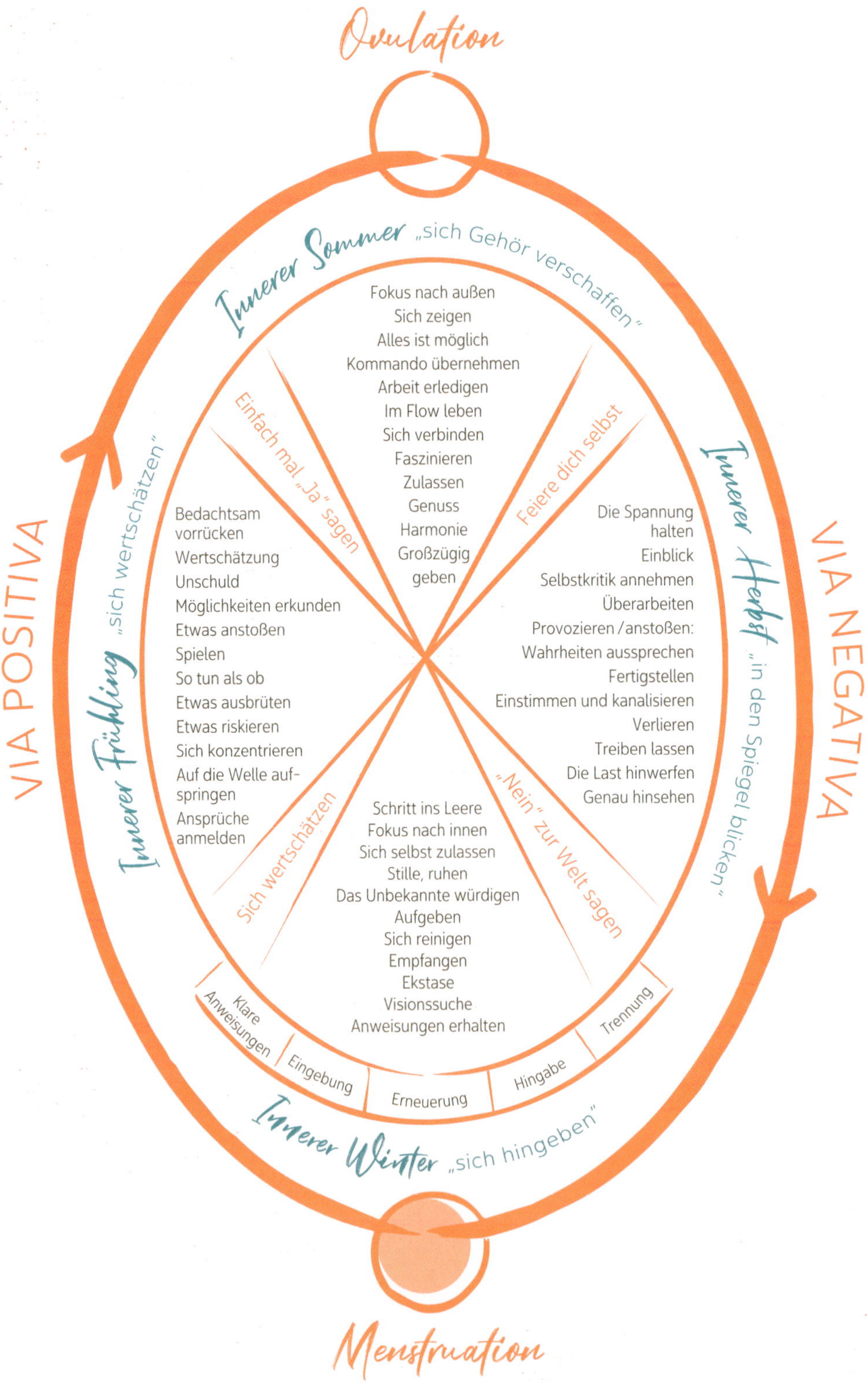
Ovulation
Innerer Sommer „sich Gehör verschaffen"
Fokus nach außen
Sich zeigen
Alles ist möglich
Kommando übernehmen
Arbeit erledigen
Im Flow leben
Sich verbinden
Faszinieren
Zulassen
Genuss
Harmonie
Großzügig geben
Einfach mal „Ja" sagen
Feiere dich selbst
Innerer Frühling „sich wertschätzen"
Bedachtsam vorrücken
Wertschätzung
Unschuld
Möglichkeiten erkunden
Etwas anstoßen
Spielen
So tun als ob
Etwas ausbrüten
Etwas riskieren
Sich konzentrieren
Auf die Welle aufspringen
Ansprüche anmelden
Innerer Herbst „in den Spiegel blicken"
Die Spannung halten
Einblick
Selbstkritik annehmen
Überarbeiten
Provozieren / anstoßen:
Wahrheiten aussprechen
Fertigstellen
Einstimmen und kanalisieren
Verlieren
Treiben lassen
Die Last hinwerfen
Genau hinsehen
VIA POSITIVA
VIA NEGATIVA
Sich wertschätzen
„Nein" zur Welt sagen
Schritt ins Leere
Fokus nach innen
Sich selbst zulassen
Stille, ruhen
Das Unbekannte würdigen
Aufgeben
Sich reinigen
Empfangen
Ekstase
Visionssuche
Anweisungen erhalten
Klare Anweisungen
Eingebung
Erneuerung
Hingabe
Trennung
Innerer Winter „sich hingeben"
Menstruation

angesehen zu werden. Es würde natürlich den Rahmen dieses Buches sprengen, wenn wir jede einzelne Phase des weiblichen Zyklus genau unter die Lupe nehmen und uns alle hormonellen Verschiebungen genau ansehen würden. Der weibliche Zyklus ist sehr vielschichtig. Es können unterschiedlichste Störfaktoren im Hormonhaushalt vorliegen, es gibt eine große Zahl an Beschwerdebildern wie zum Beispiel Endometriose, Menstruationskrämpfe, schwere Blutungen o.Ä. Auch Umweltgifte, Genussmittel und falsche Ernährung werden als mitverantwortlich für Beschwerden gesehen. Ich empfehle Frauen mittleren Alters, immer wieder ihren Hormonstatus testen zu lassen. Wenn du Rat dazu benötigst, hole dir Hilfe von einer Ärztin deines Vertrauens. In der Literaturliste findest du dazu auch weitere Buchempfehlungen von mir. Mir geht es darum, so wie in den vorhergegangenen Kapiteln um die Bewusstwerdung, aufzuzeigen, wie wichtig das Leben der Yin-Qualitäten ist. Besonders in Zusammenhang mit dem weiblichen Menstruationszyklus. Sobald wir verstehen, wie das Leben funktioniert und was jeder Einzelne braucht, entstehen Veränderungen fast automatisch. Es macht einen Unterschied, ob wir jemandem raten, einfach mal Ruhe zu geben und etwas zurückzutreten, oder ob man versteht, warum es so wichtig ist, dem Körper immer wieder Phasen der Erholung und Neuordnung anzubieten. Viele Frauen erleben die Tage ihrer Menstruation auch deshalb als besonders stressbeladen, weil sie ein größeres Ruhebedürfnis verspüren und sehr oft in einen inneren Konflikt geraten. Um sich auf der Höhe zu halten, greifen viele Frauen zu unterschiedlichsten Suchtmitteln wie Kaffee, Süßigkeiten, Alkohol, aber auch Kauf- und Konsumsucht dürfen nicht unerwähnt bleiben. Der Teufelskreis beginnt.

In allen alten matriarchalen Kulturen, etwa hunderttausend bis ein paar tausend Jahre vor Christus, wurden die Weiblichkeit und die Menstruation verehrt. Die Zeit der Periode galt als eine besondere Zeit im Leben einer Frau. Menstruationsblut ist die einzige Form von Blut, die ohne Verletzung, Krankheit oder Fremdeinwirkung aus dem Körper fließt. Es galt in allen alten Kulturen als Zeichen von Gesundheit, Fruchtbarkeit und Kraft; im Gegensatz zu unserer heutigen

Gesellschaft, in der die Menstruation als oft lästiges Übel angesehen wird. Es sollte sich jede Frau wieder mit der ursprünglichen Kraft der Menstruation verbinden.

Zeiten des Rückzugs und der Neuordnung

Die Tage der Menstruation gelten seit jeher als Zeiten des Rückzugs und der Neuordnung. Es ist eine Zeit der Hingabe, des Fließenlassens, der Wärme, der Innenkehr und der Erdung. Diese Tage sollten eine kleine Insel des Rückzugs im meist geschäftigen Alltag einer Frau anbieten. Diese Inseln sehen bei jeder Frau anders aus. Manche Frauen halten kurz inne, wenn die Blutung eintritt und heißen sie willkommen. Es ist ein bewusstes, aufmerksames Wahrnehmen. Andere nehmen sich ein paar Stunden am Tag frei oder tatsächlich auch ein paar Tage Auszeit. Spüre nach, was bei dir möglich ist. Als meine Kinder noch sehr jung waren, war nur ein bedingtes Zurücktreten möglich. Jetzt gönne ich mir, wenn nur irgendwie möglich, zwei bis drei Tage Rückzug. Vor allem geistiges Arbeiten, wie das Schreiben von Artikeln oder Büchern, lasse ich in dieser Zeit ruhen. Natürlich ist nicht alles umsetzbar. Dennoch, ein Kürzertreten ist in jedem Alltag möglich. Gehe es langsam an. Ein Schritt nach dem anderen. Für den Anfang genügt vielleicht schon eine Stunde im Monat. Vielleicht gönnst du dir eine gute Tasse Tee, die du am Abend bei Kerzenschein genießt. Was du auch machst, es geht um ein inneres Wahrnehmen und Würdigen deiner selbst. »Deine Tage«, sollten wirklich zu deinen Tagen werden.

Wenn du dir diese Auszeit bewusst gönnst, wie auch immer sie bei dir aussieht, wirst du spüren, wie sich dein Energielevel hebt. Es stehen dir im Laufe deines Zyklus viel mehr Kraft und Energie zur Verfügung, die dich auf allen Ebenen nähren und stärken.

Frauen, die nicht menstruieren, empfehle ich, die Zeiten des Rückzugs an den Mondphasen zu orientieren. So wird die Ruhe- und

Female-Empowerment-Tipp

Zeit für dich

Nutze die Tage während deiner Menstruation, um dich mit dir »selbst zu treffen«. Um ganz bei dir anzukommen und dir Zeiten der Innenkehr freizuhalten. Je bewusster du damit umgehst, desto klarer wirst du erkennen, dass du innere Wandlungsprozesse selbst beeinflussen kannst. Gönne dir mehr Ruhe als sonst, ziehe dich mit einer Tasse Tee zurück, zünde ein paar Kerzen an, mache die tiefe Bauchatmung, höre eine Meditation an, entspanne dich, verwöhne dich selbst. Damit tust du nicht nur dir selbst etwas Gutes, sondern auch allen anderen, die du liebst oder die mit dir zusammenleben.

Rückzugsphase optimalerweise auf die Neumondnacht gelegt. Nicht nur die Geschichte, sondern auch die Wissenschaft lehrt uns, dass die Eierstöcke von Licht angeregt werden. Somit findet bei vielen Frauen der Eisprung eher zu Vollmond statt. Es gibt aber auch Frauen, die diesen Zyklus genau umgekehrt erleben. Bei den Schamanen heißt es, dass Heilerinnen und Schamaninnen ihren Eisprung bei Neumond und die Blutung zu Vollmond haben, da es nicht ihre primäre Aufgabe ist, Kinder zu empfangen.

PMS

In der Medizin stehen nach wie vor nur wenige »wirkliche« Hilfsmittel für Frauen zur Verfügung. Alles, was »Probleme« macht, wie zum Beispiel Menstruationskrämpfe oder PMS-Beschwerden, werden

Gut zu wissen

Als eine der Hauptursachen des PMS wird neben Hormonstörungen vor allem ein zu niedriger Spiegel an Serotonin im Blut betrachtet. Serotonin ist ein Botenstoff, der für das Befinden, zum Beispiel bei Angst, Stress und Depression, eine wichtige Rolle spielt. Botenstoffe können aber vom Körper selbst produziert werden. Die Produktion erfolgt vor allem im Zustand der Entspannung und während des Sex. Zucker, Fett und Schokolade heben den Serotoninspiegel ebenso an. Ein Grund dafür, warum viele Frauen vor und während der Blutung vermehrt zu Süßigkeiten greifen. Innere Entspannung, Meditation oder Sex schütten Serotonin vermehrt aus. Somit tut sich jede Frau etwas Gutes, wenn sie sich in dieser Phase mehr Ruhe und Entspannung gönnt und sich mehr Zeit für Zärtlichkeit nimmt.[20]

zum Feind erklärt. Aus der Sicht der Schulmedizin sind Krankheiten oder Schmerzen etwas Fremdes. Es muss beseitigt werden. Diese Sichtweise hilft uns Frauen während unseres Menstruationszyklus nicht weiter. Es gibt nur wenige Vorbilder, an denen sich die moderne Frau orientieren kann. Erst seit etwas über hundert Jahren ist es Frauen erlaubt zu studieren. Erst im Dezember 1999 hat die erste Frau im deutschsprachigen Raum einen Lehrstuhl für Frauenheilkunde und Geburtshilfe bekommen. Die positive Kraft, die im bewussten Erleben des Menstruationszyklus verborgen liegt, muss erst wiederentdeckt werden.

PMS-Beschwerden deuten oft auf den eigenen Erschöpfungsgrad hin. Achte deshalb darauf, deinen Stress zu reduzieren. Gönne dir ausreichend Ruhe, Schlaf, moderate Bewegung und gesunde Ernährung (auch Umweltgifte erhöhen den Stresslevel des Körpers).

Der Jahreskreis

Es ist kurz vor Weihnachten. Sechs Frauen treffen sich bei mir im Zentrum. Ich bin eine von ihnen. Der gemütliche Teppichraum ist schön geschmückt. In der Mitte ein rundes Tuch mit Teelichtern darauf. Der Geruch von Weihrauch liegt in der Luft. Das Feuer knistert im Ofen in der Ecke. Wie sehr habe ich mich auf dieses Fest gefreut. Es gibt etwas zu feiern. Nicht Weihnachten, sondern einige Tage davor die Wintersonnenwende. Mit den meisten Frauen im Kreis feiere ich schon seit vielen Jahren gemeinsam dieses Fest. Am 21. Dezember jeden Jahres findet ein stiller Wendepunkt im Jahr statt. Die Tage werden wieder länger. Kaum spürbar, aber dennoch messbar. Die Wintersonnenwende ist eines der acht Jahreskreisfeste. Wir stimmen uns auf das Fest mit einem gemeinsamen Lied ein. Wir feiern die Wiederkehr des Lichtes. Die nächsten zwei Stunden gehören nur uns. Fernab vom Alltag, von Haushalt, Büro oder unseren Kindern. Wir sprechen über unser Frausein, eingebunden im Jahreskreis. Wie geht es uns? Welche Bedürfnisse, Wahrnehmung und Stimmungen sind da? Zwei Stunden im vertrauten Kreis von Frauen, die wie ich die Herausforderungen des Alltags kennen. Genau das ist es, was ich schon seit Jahren so sehr an unserem Frauenkreis liebe.

Seit 16 Jahren feiere ich regelmäßig die acht Jahreskreisfeste. Sie sind zu einem festen Ritual in meinem Leben geworden. Sie geben mir Halt, Rückzugsmöglichkeiten, Neuorientierung, Lebenskraft, Austausch mit anderen Frauen und lassen mich tief in die Geheimnisse des Lebens eintauchen. Ich empfehle jeder Frau, die Lust darauf verspürt, sich eine Frauenrunde zu suchen oder zu organisieren, mit der sie die Jahreskreisfeste regelmäßig feiern kann.

In der Runde von Frauen, mit der ich die Jahreskreisfeste seit vielen Jahren feiere, finden sich Frauen, die nicht unterschiedlicher sein könnten. Und gerade das gibt uns Kraft und stärkt uns gegenseitig. »Perfekte Frauen« gibt es da draußen schon genug. Wir brauchen keine Abklatsche mehr von irgendwelchen Hollywoodstars oder Photoshop-manipulierten Werbemodells. Nein, wir brauchen echte Frauen, die mitten im Leben stehen. Die zu sich stehen und stolz darauf sind, wie sie sind.

In meiner Runde findet sich zum Beispiel eine alleinerziehende Mutter mit unglaublich kreativen Fähigkeiten. Sie ist unverwechselbar und individuell. Eine andere Frau hat vor Kurzem ihren Mann verlassen. Sie war gefangen in einem System, das sie nicht in ihre weibliche Kraft kommen ließ. Sie übernahm die Leitung eines Pflegeheims und studiert seitdem nebenbei. Das Studium gehörte schon lange zu ihren geheimen Wünschen. Jetzt setzt sie diesen Wunsch um. Und obwohl ich mich oft frage, wie sie alles unter einen Hut kriegt, strahlt diese Frau mehr denn je und ist voll in ihrer Kraft. Wieder eine andere Frau gehört zu den geheimnisvollsten Frauen, die ich kenne. Sie lässt sich in keine Schublade stecken und überrascht mich immer wieder mit Seiten von ihr, die ich bis dato noch nicht kannte. Eine andere Frau zählt zu meinen langjährigsten Freundinnen. Sie hat erlebt, was es heißt, das eigene Kind beinahe durch einen tragischen Unfall zu verlieren. Sie ist eine unglaublich starke Frau, die gestärkt aus dieser Lebenskrise hervorgegangen ist, indem sie sich intensiv mit dem Erlebten auseinandersetzte. Und dann gibt es im Kreis noch meine beste Freundin. Sie hat vier Kinder, ist Ergotherapeutin und Doula. Sie begleitet Frauen während der Schwangerschaft und der Geburt. Sie ist dem Leben sehr nahe und hat immer ein offenes Ohr für mich. Sie kennt die Höhen und Tiefen meines Lebens und ich die ihren. Ja, und so bunt wie dieser Frauenkreis, ist auch der Kreis des Jahres. Indem wir unsere ureigenen Rituale wieder neu beleben, können wir die Kraft des Weiblichen in unser Leben holen.

Was sind die Jahreskreisfeste

Als Jahreskreisfeste werden acht Eckpunkte im Jahr bezeichnet, die als ganzheitliches und anschauliches Modell des Lebens dienen. Sowohl für unterschiedliche Lebensfacetten als auch für die stetige Wandlung und Veränderung des Lebens. Diese acht Stationen des

Jahres finden im Abstand von ca. sechs Wochen statt. Sie werden in einem Kreis, dem Jahreskreis, abgebildet. In unserer heutigen westlichen Kultur stellen wir uns wie gesagt die Zeit und auch das Jahr als eine Linie vor. Die Zeit führt von der Vergangenheit über die Gegenwart in die Zukunft. In anderen Epochen und früheren Kulturen, vor allem in Zeiten des Matriarchats, wurden die Veränderungen des Jahres als Kreis oder Spirale empfunden. Das Ende des Jahres war zeitgleich der Beginn des neuen Jahres.

Die acht Stationen im Kreis eines Jahres laden uns ein, innezuhalten und die jeweilige Qualität dieser Jahreszeit wahrzunehmen, die Energie in der Natur und in uns selbst zu spüren. Indem wir bewusst die Reise durch den Jahreskreis erleben, verweben sich Außen und Innen. Wir spüren einen Sinn in uns und der uns umgebenden Natur. So können wir Energie und Kraft tanken und heimfinden in unsere eigene Mitte oder unser Selbst.

Der Jahreskreis als ganzheitliches Modell

Der Jahreskreis mit seinen acht Eckpunkten kann auch als Abbild für jeden einzelnen Tag gesehen werden: Es beginnt mit der Morgendämmerung und geht im Kreis weiter mit Sonnenaufgang, Vormittag, Mittag, Nachmittag, Sonnenuntergang, Abend, Mitternacht. Der Jahreskreis kann ebenso die Lebensphasen eines Menschen abbilden: von der Geburt über das Wachsen und Reifen bis hin zum Tod. Es beginnt mit der Kindheit und geht weiter mit jungem Erwachsensein, Zeit der Kreativität, Lebensmitte, Zeit der Reife, Zeit der Neuordnung, Alter und Tod. Wobei der Tod zeitgleich der Moment der Geburt ist und der Kreislauf wieder von Neuem beginnt. Egal, wie alt wir gerade sind, können wir die Energie der jeweiligen Jahreszeit symbolisch, die für diese Lebensphase steht, neu erleben und erfahren.

Somit kann der Jahreskreis mit seinen acht Eckpunkten dabei helfen, unser eigenes Leben bewusster zu erleben und zu gestalten. Die

21. Dezember
Wintersonnenwende
Tod – Geburt
Erfahrung der Stille

1. November
Samhain
Alter
Trauern und
Loslassen

2. Februar
Brgid
Kindheit und Jugend
Reinigung und
Neubeginn

21.–23. September
Herbstequinox
Zeit der Neuordnung
Bilanz ziehen und
integrieren

21.–23. März
Frühlingsequinox
Junges Erwachsenenalter
Kreativität und
Ausdruck

2. August
Lammas
Zeit der Reife
Entscheidungen und
Abgrenzung

1. Mai
Beltane
Zeit der Kreativität
Liebe und
Partnerschaft

21. Juni
Sommersonnwende
Lebensmitte
Mütterlichkeit und
Fürsorge

Norden
Tod – Geburt
84 bzw. 0 Jahre

NW
Alter
73,5 Jahre

NO
Kindheit/Jugend
10,5 Jahre

Westen
Zeit der Neuordnung
63 Jahre

Osten
Junges Erwachsenenalter
21 Jahre

SW
Zeit der Reife
52,5 Jahre

SO
Zeit der Kreativität
31,5 Jahre

Süden
Lebensmitte
42 Jahre

meisten von uns leben in Städten und sind regelrecht abgeschnitten von den zyklischen Veränderungen der Natur. Aber auch wenn du in der Stadt lebst, bist du dennoch eng mit diesen Rhythmen verbunden. Unser Schlaf-wach-Rhythmus, unsere Energieressourcen und unsere Lebensfreude hängen eng mit der uns umgebenden Natur zusammen. Diese Zusammenhänge kannst du erleben, wenn du dir Zeit nimmst, sie wieder wahrzunehmen.

Wenn du keine Frauen in deiner Nähe findest, dann besteht auch die Möglichkeit, sich mit mir virtuell zu den jeweiligen Jahreskreisfesten zu treffen. Mir sind diese Treffen dermaßen wichtig geworden, dass ich jeder Frau ermöglichen möchte, sie gemeinsam mit anderen Frauen zu feiern. Somit treffen wir uns zum jeweiligen Datum online. Für mich ist das kein Widerspruch für ein Leben im Einklang mit der Natur. Ich liebe diese neuen Formen der Kommunikation, wenn sie sinnvoll eingesetzt werden. Wir sollten sie für die Vernetzung unter uns Frauen nutzen.

Clara, die mit mir die Jahreskreisfeste online feiert, schreibt in einem Instagram-Post im Herbst sehr treffend: »Seit das letzte Quartal angebrochen ist, sprießen Sätze wie: ›Hole noch das Beste aus deinem Jahr heraus! Was möchtest du in den letzten drei Monaten des Jahres noch alles erschaffen? Welche Ziele hast du noch, bevor das Jahr zu Ende geht?‹ wie Pilze aus dem Boden. Die letzten Jahre habe ich mich auch von dieser Welle mitreißen lassen. Doch dieses Jahr mache ich es ganz anders. Denn ich habe mich gefragt, ob es überhaupt meinem Wesen entspricht, noch zum Jahresende Vollgas zu geben. Denn, wenn wir in die Natur hinausschauen, dann können wir sehen, dass sie es ganz anders macht. Die Bäume lassen die Blätter fallen. Sie produzieren nicht noch extra tolle neue Blätter. Nein, sie lassen los und bereiten sich auf den Winter vor. Es wird früher dunkel und generell ruhiger. Auch viele Tiere ziehen sich zurück und bereiten sich auf den Winterschlaf vor. Warum also sollte ich gegen die Natur handeln? Dieses Jahr mache ich es anders. Ich nehme meinen Geburtsmonat, den Oktober, zum Anlass, zurückzuschalten und bewusst ruhiger zu werden. Schließlich bin ich im Oktober als Waage geborgen. Insofern habe ich doch noch ein Ziel für dieses Jahr: Die Balance in mir bewusst zu halten und immer wieder in meine Mitte zurückzukommen. Und von dieser meiner Mitte aus, in mir ruhend, habe ich dann reichlich Energie für alle kommenden Projekte und Ziele.«

Ein heilsamer Weg

Ich weiß, dass es viele Wege gibt, unser inneres Potenzial zu leben und voll in unsere Kraft zu kommen. Für mich als Frau wurde im Laufe meines Lebens das alltägliche Leben, eingebunden im bewussten Erleben der sich zyklisch widerholenden Erfahrungen des Jahreskreises, zu einem heilsamen Weg für meine persönliche Entwicklung. Dieser Weg eignet sich vor allem dafür, sein weiblich-intuitives Potenzial zu entwickeln. Der bewusste Weg durch den Jahreskreis hilft uns, das Leben anzunehmen, mit allen seinen Höhen und Tiefen und dabei der Natur, dem Geheimnis des Lebens und sich selbst gegenüberzutreten. Wir erfahren, dass im Zyklus eines Jahres Zeit ist für Ruhe, Rückzug, Dunkelheit, Schöpfung, Neuwerdung, Geburt, Kraft, Energie und Helligkeit. Mit diesem Wissen im Hintergrund können Frauen die einzelnen Phasen des Tages, des Monats (Menstruationszyklus), des Jahres und des ganzen Lebens bewusst und gelassen durchleben.

Zusammenfassung

In unserer westlichen Kultur haben wir ein Zeitempfinden, das sehr hinderlich wirken kann. Wir denken linear. Die Zeit wird als etwas nicht Wiederkehrendes empfunden. Das lineare Zeitdenken entspringt dem Yang-Prinzip. Es kann, einseitig gelebt, das Gefühl der Erschöpfung und des Ausgebranntseins massiv beschleunigen.
Lassen wir uns auf die Ebene des Yin ein, die uns Frauen näher ist, gehen wir von einer kreis- oder spiralförmigen Zeit aus. Das wiederholende Element spielt hier eine große Rolle. Zeit wird nicht linear empfunden, sondern viel mehr als ein Kreis.
Wir erfahren, dass im Leben Zeit ist für Ruhe, Rückzug, Dunkelheit, Schöpfung, Neuwerdung, Geburt, Kraft, Energie und Helligkeit. Mit diesem Wissen im Hintergrund können Frauen die einzelnen Phasen des Tages, des Monats (Menstruationszyklus), des Jahres und des ganzen Lebens bewusst und gelassen durchleben.
Um die Kraft des Weiblichen leben zu können, ist es unumgänglich, sich mit dem Zyklus der Menstruation auseinanderzusetzen. Das Wissen darum ist nicht nur für jede einzelne Frau so wertvoll, sondern auch für unser jetziges Zeitalter.
Wir müssen wissen, dass sich eine Frau im Laufe ihres monatlichen Zyklus verändert. Doch diese Veränderungen sind keine Schwäche oder Energielosigkeit. Wie jeder zyklische Prozess finden wir auch im Laufe des Menstruationszyklus Zeiten der Aktivität und Zeiten der Ruhe. Das ist völlig gesund und normal, solange wir Frauen uns dessen bewusst sind und dies auch akzeptieren.
Als Jahreskreisfeste werden acht Eckpunkte im Jahr bezeichnet, die als ganzheitliches und anschauliches Modell des Lebens dienen. Sowohl für unterschiedliche Lebensfacetten als auch für die stetige Wandlung und Veränderung des Lebens.

Die moderne Frau im Beruf

Weiblicher Erfolg

Wenn Frauen ihre Arbeit als befriedigend empfinden, sind sie gesünder, glücklicher und erfüllter. Die meisten Frauen sind in einem Umfeld groß geworden, das der Meinung war, ein Leben voller Mühe sei mehr wert, als ein Leben voller Erfüllung, Freude und tiefem innerem Frieden. Ihnen wurde erzählt, dass die eigenen Wünsche unrealistisch wären. Wenn Frauen darüber nachzudenken beginnen, was ihnen wirklich guttut, was ihren Gaben und Talenten entspricht und ihnen richtig Freude bereitet, dann spüren sie diese Auswirkungen im positiven Sinne unmittelbar im Körper.

Die Bürotür schließt sich. Frau Bauer wurde von der Leiterin der Kita zu einem Elterngespräch in den Kindergarten bestellt. Die adrett gekleidete Frau wirkt nervös. Alles an ihr scheint perfekt zu sein. Sie wirkt vornehm und selbstbewusst. Die Kita-Leiterin fragt, ob zu Hause etwas nicht in Ordnung sei. Der Grund für das Gespräch ist Leon, der dreijährige Sohn von Frau Bauer, der sich in letzter Zeit sehr auffällig verhält. Leon ist sehr überdreht und weint sehr oft. Da beginnt auch Frau Bauer zu weinen. Von einem Moment auf den anderen wirkt die Frau sehr zerbrechlich. Sie öffnet sich. Noch nie konnte sie mit jemandem über ihre Überforderung und Ängste sprechen.

Sie erzählt von der Deadline, die ihr im Nacken liegt. Würde sie bis zum Ende des Monats das neue Konzept in ihrer Firma nicht abgeben, könnte eine Kündigung die Folge sein. Sie weiß nicht, wie sie das alles in den nächsten Wochen bewerkstelligen soll. Die Zeit reicht nicht aus. Ihre Kollegen drängen. Frau Bauer bedauert, auch nur ein Mensch zu sein. Die Zeit, in der sie sich in Ruhe ihrem Sohn zuwenden kann, wird immer knapper. Das macht ihr auch zu schaffen. Eine Lösung kann während des Gesprächs mit der Erzieherin nicht gefunden werden. Frau Bauer weiß nicht, was sie an der Situation ändern kann. Kurz nach dem Gefühlsausbruch wischt sie sich ihre Tränen von der Wange, rückt ihre Haare zurecht und rollt ihre Schultern zurück. Sie setzt sich ein Lächeln auf und verlässt erhobenen Hauptes das Büro der Leiterin. So oder so ähnlich verlaufen unzählige Gespräche hinter verschlossenen Türen.

In meinen Kursen erzählen sehr viele Frauen, dass sie sich genau in dieser Zwickmühle befinden. Sie gestehen sich ihren Schmerz kaum zu. Erzählen niemanden davon. Sie haben Angst, dass sie undankbar oder überheblich wirken könnten. Sie gehen sehr streng mit sich um und kritisieren sich selbst: »Es kann doch nicht sein, dass ich das nicht schaffe. Andere schaffen es doch auch. Es kann doch nicht sein, dass ich nicht glücklich bin. Ich habe doch alles, was ich brauche.« Sie gehen davon aus, dass etwas nicht mit ihnen stimmt. Aber dahinter verbirgt sich oft ein tiefes Gefühl der Leere und Sinnlosigkeit.

Immer mehr Frauen haben das Gefühl, ihr Leben zu versäumen oder sich beruflich nicht verwirklichen zu können. Es gibt kaum Vorbilder für uns Frauen, wie wir unser Leben selbstbestimmt und im wahrsten Sinne des Wortes erfüllt gestalten können. Ein Leben, das die innere Frau befriedigt und uns in unserer urweiblichen Essenz nährt. Gleichberechtigung und Gender-Mainstream sowie die Frauenbewegungen der 1960er- und 1970er-Jahre haben uns zwar ein besseres Leben als Frau in der Gesellschaft beschert und uns die gleichen Rechte eingeräumt, wie Männer sie haben. Aber um diese Ziele zu erreichen, haben sich die Frauen oft männlicher Eigenschaften bedient, nicht immer zum Wohle der eigenen Gesundheit. Sie drängen ihre eigene, weibliche Energie unbewusst zurück. Die meisten bewegen sich in einem beruflichen Umfeld, das Raubbau an den Energiereserven der Frau betreibt. Dynamik, Geschwindigkeit, Statistiken, Ziele und Wettbewerb stehen im Vordergrund. Für viele verliert sich die Energie in einem »sinnlosen« Tun. Und so stellen sich immer mehr Frauen die Frage nach dem Sinn ihrer beruflichen Verwirklichung.

Es könnte auch gut gehen

Um im Beruf mithalten zu können, passen sich Frauen an vorgegebene Strukturen und Werte an: Sie sind aktiv, erbringen Leistung, verhalten sich zielstrebig und effizient. Das könnte auch gut gehen und erfüllend sein, wenn sie nicht zeitgleich ihre weiblichen Qualitäten zurückdrängen würden, um zu bestehen. Denn der Grund für die Erschöpfung liegt nicht im »zu viel tun«, sondern vielmehr darin, dass viel Energie »sinnlos« vergeudet wird. Nach außen hin sind sie erfolgreich. Das Ansehen steigt. Aber innerlich verhungern und verdursten sie. Analysieren ist wichtiger als Fühlen, Konkurrenz scheint mehr wert zu sein als Kooperation. Weibliche Kernkompetenzen wie Intuition und Empathie werden in vielen Unternehmen nicht ernst genommen. Weichheit wird als Schwäche ausgelegt, Hingabe als Abhängigkeit fehlgedeutet. So erbringen sie immer mehr Leistung, finden darin aber immer weniger Erfüllung. Sie strampeln sich ab und kämpfen den ganzen Tag. Bestimmt werden auch Erfolge verzeichnet, über die man sich freut und die innerlich befriedigen. Aber nur für kurze Zeit. Dann ruft schon das nächste Ziel. Immer höher, immer schneller, immer effektiver. Sie beißen die Zähne zusammen, auch wenn sie schon übermüdet sind. Sie sind nie genug.

Doch der neue Zeitgeist ist auch hier bereits zu spüren. Immer mehr moderne, selbstbewusste Frauen geben das Tempo vor. Sie lassen sich nicht vom Tempo der Zeit mitreißen. Sie erledigen die Anforderungen nach ihren Regeln. Sie achten ihre Rhythmen und das

Weibliche. Sie bringen wieder Sinn in einzelne Aktivitäten, auch im beruflichen Umfeld. Ein neues Berufsleben wird durch sie geprägt. Frauen haben Jahrtausende lang Gemeinschaften und Familien zusammengehalten. Sie haben fürsorglich und voller Mut Beziehungen gepflegt. Diese Fähigkeiten werden in Zukunft mehr denn je gefragt sein. Auch in Unternehmen und an der Spitze.

Es wird Zeit, dass sich Frauen auch im Beruf voller Vertrauen ihrer weiblichen Qualitäten bedienen, um voranzukommen. Wir müssen nicht warten, bis Unternehmen das umgesetzt haben. Wir Frauen können damit beginnen. Jetzt. Hier. Dazu muss eine Frau ihre eigene Welt ändern, um ihre wunderbaren weiblichen Talente nach außen zu tragen. Sie muss ihr weibliches Potenzial wiederentdecken und auch in ihrem beruflichen Umfeld Räume schaffen. Es ist eine weiche Kraft, wie die des Wassers. Weich und kraftvoll in einem. Wir brauchen Frauen, die ihren Raum einnehmen und andere Frauen mit ihrer Energie anstecken. Gerade in Zeiten der Digitalisierung werden wir diese Qualitäten mehr denn je brauchen.

Die Frage lautet: Wie können Frauen in ihrem beruflichen Alltag mutig ihre weiblichen Qualitäten leben? Wie ist es möglich, wieder die eigenen Rhythmen zu achten, dem Herzen zu folgen? Frauen können den Weg des weiblichen Erfolges antreten, wenn sie den Weg nach innen antreten. Je mehr sich Frauen wieder mit der Intelligenz ihres Körpers verbinden, desto mehr spüren sie wieder, wie es ihnen geht, was sie brauchen, wie es den anderen Menschen um sie herum geht. Desto mehr entfalten sie ihre Talente und Fähigkeiten. Das Nach-innen-Lauschen bringt sie in Kontakt mit ihrer Kreativität, sie kommen in den Flow. Sie verbinden sich mit dem Ruf ihres Herzens. Die Basis all dessen ist es, stehen zu bleiben und sich selbst wieder zu spüren. Es braucht den Mut, das lineare Denken immer wieder zu verlassen und die weibliche Intelligenz, die Körperintelligenz und die Kreativität wieder zu erwecken. Fühlen, spüren, empfangen. Wenn Frauen wieder durch die Sinne leben lernen, bekommt das, was sie machen, auch wieder Sinn.

Erfolg und Yin

Wenn Erfolg bedeutet, glücklich zu sein, bist du dann auf dem richtigen Weg?

Natürlich gehören zum beruflichen Erfolg Konsequenz, Umsetzungsvermögen, Tun und Ausdauer. Ich weiß, wovon ich spreche. Ich bin seit fast zwei Jahrzehnten Unternehmerin. Konsequenz, Ausdauer und das aktive Tun gehören zu meinem täglichen Brot. Aber tatsächlich erfolgreich werden wir nur, vor allem wir Frauen, wenn wir auch im Beruf unseren Yin-Qualitäten genügend Raum einräumen und sie würdigen. Wenn wir Sinn finden, in dem, was wir tun. Unser eigenes Tempo vorgeben. Zeit für Rückzug einplanen und unsere Rhythmen achten. Erst dann stellt sich tatsächlich beruflicher Erfolg ein. Und zwar auf allen Ebenen. Ganzheitlicher Erfolg. Tiefe Befriedigung ist die Folge davon.

Viele sprechen von Erfolg. Facebook und andere soziale Medien sind voll mit Versprechungen. »Wie du in acht Wochen 50 000 neue Kunden gewinnst und mindestens 100 000 Euro umsetzt.« »Mit diesem Online-Geschäft richtig durchstarten. Schon morgen Erfolge spüren. Mehr Umsatz in wenigen Wochen.« Was hat es damit auf sich? Es passt wunderbar in eine »immer aktive« Gesellschaft. Früher oder später kippt die Waage. Das alles hat nichts mit tatsächlichem Erfolg zu tun.

Was ist eigentlich Erfolg?

Die Definition von Erfolg ist etwas sehr Individuelles. Dem Begriff nach ist Erfolg all das, was erfolgt. Es ist also die Folge des Denkens, Fühlens, Handelns. Ich möchte dich einladen, einen Paradigmenwechsel zu vollziehen. Denn wenn wir uns wahren Erfolg ansehen, der tiefe Befriedigung nach sich zieht, kann der Weg dorthin nur von »innen nach außen« vollzogen werden. Beginne bei dir selbst. Bei deinen Motiven, deinem Charakter, deiner Einstellung zum Leben.

Wenn Erfolg bedeutet, ***glücklich zu sein****, bist du dann auf dem* ***richtigen Weg****?*

Wenn wir den Zugang »von innen nach außen« wählen, bedeutet dies auch, dass private Erfolge vor den öffentlichen Erfolgen stehen. Der Erfolg ist dann immer das, was erfolgt. Dieter Lange sagt sehr treffend: »Erfolg ist das, was erfolgt, wenn du deine Bestimmung lebst.«

Erinnere dich. Im Yin-Prinzip finden wir immer wieder Zeit für Innenkehr. Es braucht in dieser lauten Welt das leise Spüren und Zuhören. Lausche nach innen. Was ist es, das dir tiefe Befriedigung schenkt. Erinnere dich, was hast du als Kind gerne gemacht? Was hat dich die Zeit vergessen lassen? Viele Kinder haben bereits kreative Einfälle, was sie später einmal werden wollen, wenn sie groß sind. Im Wort Lebensaufgabe steckt das Wort »Gabe«. Jede Frau besitzt einzigartige Gaben und Talente, die sie auszeichnen. Gelingt es dir, deine einzigartigen Gaben in deinem Beruf auszuleben, wirst du nicht nur persönlich glücklich und erfüllt sein, sondern du wirst auch die Welt enorm damit bereichern.

Wie wir unseren Kindern vehement ihre Träume und Visionen austreiben, wurde mir letztens in einem Restaurant bewusst, in dem ich mit meiner Familie zu Mittag aß. Am Nebentisch saß eine Mutter mit ihrem zehnjährigen Mädchen. Sie plauderten über Berufe und die Zukunft des Kindes. Das Mädchen erzählte voller Enthusiasmus und einem Leuchten in den Augen, dass sie einmal Schauspielerin werden möchte. Daraufhin verdrehte die Mutter die Augen und sagte energisch, fast zornig, und so, dass es deutlich im ganzen Restaurant zu hören war: »Mia, das meinst du doch nicht ernst. Überleg doch mal, als Schauspielerin hast du doch überhaupt keine Jobaussichten. Außerdem verdienst du viel zu wenig Geld. Das kommt gar nicht in Frage.« Das Mädchen versank vor Scham im Sessel und sagte darauf nichts mehr. Meine Kinder blickten das Mädchen traurig an.

Diese Situation erinnerte mich an meinen eigenen Berufswunsch, als ich ein Mädchen war. Mit elf Jahren wollte auch ich unbedingt Schauspielerin werden. Tatsächlich hatte ich es eines Tages zum ORF geschafft. Nach einer Bewerbung beim Kinderprogramm und zwei Vorstellungsgesprächen durfte ich tatsächlich bei einer Sendung des Kinderprogramms mitspielen. Was für eine tolle Erfahrung! Zur da-

Female-Empowerment-Tipp

Erfüllende Lebensaufgabe

Nimm zwei große Bögen Papier und beginne zu schreiben. Notiere auf dem ersten Blatt, bei welchen Tätigkeiten in der Vergangenheit du ein Gefühl der Freude und Leichtigkeit empfunden hast. Schreibe alles auf, wobei du Sinnhaftigkeit erlebt hast. Was sich »richtig« angefühlt hat. Gehe dein ganzes Leben chronologisch durch. Auf dem zweiten Bogen schreibst du deine Talente und Gaben auf, die dich zu deiner Lebensaufgabe führen können. Vertraue und folge deiner Intuition.

maligen Zeit war das noch mit einigen Mühen verbunden. E-Mail-Verkehr und WhatsApp gab es noch nicht. Alles ging viel langsamer als heute. Monatelanges Warten auf den lang ersehnten Brief vom ORF strapazierten meine Nerven. Dann endlich die große Reise nach Wien. Die Aufregung vor den Dreharbeiten, die Freundschaften, die geschlossen wurden, die Erfahrungen hinter der Kamera. All das lässt mich auch heute noch tiefe Freude empfinden. Für einige Zeit war ich sogar ein kleiner Star am Gymnasium, das ich damals besuchte. Das verflog zwar so rasch wieder, wie alles begonnen hatte, aber es war eine bereichernde Erfahrung. Meinen Eltern bin ich heute noch dankbar dafür, dass sie die Mühen auf sich genommen haben, mich immer wieder nach Wien zu fahren. Vor allem aber danke ich ihnen, dass sie meinen Berufswunsch ernst genommen und sich nicht über mich lustig gemacht haben. Auch wenn ich keine Schauspielerin geworden bin, haben mich die damaligen Erfahrungen sehr für mein zukünftiges Leben gestärkt. Denn regelmäßig stehe ich ja auch heute auf der Bühne, nur in einem anderen Setting.

Erinnere dich

Um sich beruflich verwirklichen zu können, brauchen wir vor allem die Freude an der Kreativität und an neuen, wenn auch manchmal unrealistischen Ideen. Erinnere dich an deine Wünsche und Gaben. Vielleicht weisen sie dir den Weg zu deiner Berufung. Für Talente vergessen wir die Zeit und stehen gerne morgens auf.

BEANTWORTE FOLGENDE FRAGEN:

- Womit hast du als Kind schon gerne und viel Zeit verbracht?
- Über was kannst du dich stundenlang unterhalten?
- Wofür kannst du nicht nur dich, sondern auch andere begeistern?
- Mit was beschäftigst du dich am meisten in deiner Freizeit?
- Was fällt dir leicht?

WEITERE FRAGEN KÖNNEN DIR HELFEN:

- Welche Werte sind dir wichtig?
- Was zeichnet dich aus?
- Wo warst du bisher, wo stehst du jetzt und wo möchtest du hin?

Wir tauchen gerade erst ein in das Zeitalter der unbegrenzten Möglichkeiten. **Female** Empowerment bedeutet, dass Frauen ihren Platz einnehmen, ihre Rhythmen achten, den nächsten Schritt gehen und ihre Selbstentfaltung endlich ihren Platz einnimmt. Erfolg zu haben ist weitaus bunter, als schnell viel Geld zu verdienen oder im Chefsessel Platz zu nehmen. Es bedeutet, sich zu verwirklichen, in allen möglichen Bereichen und Berufsfeldern. Es ist ein unaufhaltsames Streben danach, mitzugestalten und zu bewegen. Weibliche Qualitäten werden als Stärken anerkannt. Weibliche Kernkompetenzen wie Empathie, Hingabe und Intuition als unverzichtbar eingestuft. Frauen setzen voller Energie, innerer Ruhe und Entspannung ihre Talente und Gaben um. Wir brauchen Frauen, die sich dessen bewusst sind und den neuen Zeitgeist vorantreiben. Ein neues Geschäfts- und Berufsleben wird dadurch geprägt werden. Wichtig ist es dabei, nicht nur an das Ziel von morgen zu denken. Es ist sinnvoll, Ziele zu definieren, dennoch im Hier und Jetzt zu bleiben. Das gegenwärtige Dasein sollte im Grunde mit den zukünftigen Zielen und Träumen zu einer gedanklichen Einheit verschmelzen. Die Zen-Mönche, die die Kunst des Bogenschießens perfektioniert haben, sagen: »Es gibt keinen Unterschied zwischen meinem Bogen, meinem Pfeil, meinem Körper, der den Bogen hält, und dem Ziel. Wir sind eins. Wir sind eine Einheit. Alles ist mit allem verbunden.« Wenn sie den Bogen spannen und den Pfeil auf seine Reise schicken, ist er bereits angekommen. In ihren Gedanken wurde alles vorbereitet. Sie müssen nur noch loslassen. Ruhe in dir und visualisiere dein Leben und deinen Erfolg.[21]

Was sinnvoll ist

Vor zwei Jahren traf ich nach langer Zeit meine Freundin Lena wieder. Wir verabredeten uns in einem Kaffeehaus. Ich erkannte sie kaum wieder. Lena sah müde aus. Ihre dunklen Augenringe sprachen für sich. Ihr Körper wirkte energielos. Ihre Haare hingen glanzlos über ihre eingefallenen Schultern. Sie arbeitete zu der Zeit in der Telefonzentrale eines großen Unternehmens. Ihre Aufgabe bestand darin, verärgerte Kunden zu beruhigen und ihnen Lösungsvorschläge anzubieten. Sie hätte am liebsten laut aufgeschrien, wenn sie an ihren Job dachte, bedauerte sie. Sie nippte zurückhaltend an ihrem Kaffee. Tagein, tagaus das Gleiche. Immer nur Ärger, geschlossene Räume und wenig echte soziale Kontakte. Wir kamen im Laufe unseres Gesprächs auf unterschiedlichste Themen zu sprechen. Unter anderem redeten wir darüber, was uns mit Sinn erfüllt. Was ist es, was uns bis in jede Zelle unseres Körpers mit Freude erfüllt. Lena wusste es sofort. Sie erinnerte sich, dass sie einige Jahre zuvor als Kellnerin in einem Restaurant angestellt war, das an den Wochenenden vorwiegend für Hochzeiten gebucht wurde. Sie erzählte, dass sie sich damals nicht sattsehen konnte an den verliebten Blicken der frisch vermählten Brautpaare. Sie liebte die Atmosphäre, die bei den Hochzeiten üblicherweise anzutreffen war. »Die Musik, das Essen, der Hochzeitstanz, die strahlenden Augen der Gäste. All das erfüllt mich auch selbst zutiefst mit Freude. Man ist dem Leben so nahe«, erzählte sie mit glänzenden Augen. »Am liebsten würde ich den ganzen Tag auf Hochzeiten verbringen«, schmunzelte sie. Wir mussten beide lachen.

Ein Jahr später traf ich Lena wieder. Sie war wie ausgewechselt. Ihre Augen strahlten, ihr Körper wirkte entspannt und doch voller Energie. Was war im letzten Jahr passiert? Ich war unglaublich gespannt. »Du wirst es nicht glauben«, platzte es noch während wir uns umarmten aus ihr heraus. »Ich bin so dankbar für unser Gespräch vor einem Jahr. Mir wurde damals bewusst, dass mich die Telefonzentrale noch ins Grab bringen würde. Und jetzt, du wirst es kaum glauben, habe ich mir meinen tiefsten Wunsch erfüllt und bin jetzt tatsächlich nur noch auf Hochzeiten anzutreffen.« Was? Ich verstand nicht ganz. Hatte Lena wieder ihren alten Job als Kellnerin angenommen? Nein. Es kam tatsächlich ganz anders. Lena war jetzt Hochzeitsplanerin. Sie plant und organisiert alles rund um Hochzeiten. Das hätte sie sich vor einem Jahr niemals träumen lassen. Aber eines ergab das andere. Sie hatte nach unserem Gespräch eine Initialzündung, meinte sie. Sie machte sich im Internet auf die Suche und entdeckte den Beruf der Hochzeitsplanerin. Sie war schon immer fasziniert von der Energie, die von verliebten Menschen ausging. Diese Faszination und den Sinn, den sie darin fand, machte sie zu ihrem Beruf. Eine absolute Marktlücke, erzählte sie mir strahlend. Sie sei das ganze nächste Jahr komplett ausgebucht. Sie war ihrem Herzen gefolgt. Ihr Beruf erfüllte sie mit tiefem Sinn und Dankbarkeit.

Erfüllung

Warum arbeitest du überhaupt? Spürst du in deinem Beruf eine tiefe Befriedigung und erfüllt dich das, was du tust? Viele von uns finden sich in einem Job wieder, in dem sie vor einigen Jahren meist unfreiwillig gelandet sind. Oft werden die Argumente der Eltern oder des Umfeldes übernommen und es wird nicht viel darüber nachgedacht, warum man genau diesen einen Berufsweg gewählt hat. Früher oder später ist es aber sinnvoll, sich Fragen wie »Was macht dieser Beruf mit mir?«, »Wie beeinflusst er mein tägliches Sein als Frau?«, »Hat es Sinn, was ich hier täglich verrichte?« zu stellen. Warum stehst du tatsächlich jeden Morgen auf und verrichtest deine Arbeit? Was ist die Motivation dahinter? Viele würden auf die Frage, warum sie zur Arbeit gehen, mit großer Wahrscheinlichkeit antworten: »Naja, ich muss ja!« Viele arbeiten auch wegen einer Belohnung oder vielleicht auch, um einer Strafe zu entgehen. Es gibt Zeiten im Leben einer Frau, in denen der Beruf tatsächlich Mittel zum Zweck ist. In denen es vielleicht eine Zeit zu überbrücken gilt, bis die Kinder etwas älter sind oder Ähnliches. Natürlich musst du auch deine Familie ernähren. Das ist mir sehr bewusst. Aber langfristig gesehen sollte deine Arbeit etwas anderes als nur reine Überbrückung oder reine Pflicht sein. Befriedigt dich deine Arbeit tatsächlich auf Dauer und würde es nicht auch andere Lösungen geben?

Motivation aus dem Inneren

Kannst du dich daran erinnern, wie es sich anfühlte, als du als Kind hungrige Enten gefüttert hast? Wohl jeder von uns hat einmal erlebt, wie herrlich es sich anfühlt, hungrige Enten zu füttern. Oder vielleicht hast du etwas Ähnliches erlebt, das diesem Bild entspricht. Der Psychologe Marshall Rosenberg empfiehlt, mehr Dinge im Leben zu tun, bei dem man dasselbe Gefühl hat, das ein Kind empfindet, wenn es hungrige Enten füttert.

Wir können das auch intrinsische Motivation nennen. Diese Motivation unterscheidet sich vom Gefühl her von der Motivation, die Kinder erleben, wenn sie in der Schule eine Aufgabe erledigen, nur damit sie eine gute Note bekommen. Das nennt sich extrinsische Motivation. Sie entspringt nicht aus der eigenen Motivation heraus. Die Enten müssen wir nicht füttern. Es löst einfach ein gutes Gefühl aus. Wir wollen es tun. Um eine gute Note zu bekommen, machen einige

von uns viel. Aber nicht, weil es uns ganz tief drinnen guttut, sondern weil wir davon abhängig sind. Schlechte Noten bedeuten vielleicht Liebesentzug der Eltern, in der Klasse nicht wichtig genommen zu werden oder nicht in die nächste Schulstufe aufsteigen zu können.

Bei der intrinsischen Motivation geht es um deinen inneren Anreiz. Diese Tätigkeit auszuführen liegt in dir selbst. Eine hohe intrinsische Motivation wird als Voraussetzung für kreative Leistung angesehen. Die Motivation kommt aus dir selbst. Du hast Freude an der Tätigkeit und nicht nur am Ergebnis.

Bei der extrinsischen Motivation erledigst du deine Aufgaben wegen äußerer Gründe. Wie z. B. für gute Schulnoten oder für die Belohnung mit Geld. Die Konsequenzen der Handlungsergebnisse sind ausschlaggebend für deine Motivation. Der Antrieb kommt von der äußeren Umwelt. Wir Menschen neigen sehr schnell dazu, von diesem Antrieb abhängig zu werden.

Wenn du zurückdenkst an deine Kindheit, hast du als junges Kind wahrscheinlich meistens intrinsisch gehandelt. Als Schulkind bist du nach und nach immer mehr in eine extrinsische Motivationshaltung gerutscht. Schulnoten töten die intrinsische Motivation. Die meisten Schüler werden den ganzen Tag über von äußeren Reizen getrieben. Nach und nach gehen die Neugier und die Lust am Tun verloren. So hast du dich vielleicht immer mehr daran gewöhnt, dass du Aufgaben nur so weit erledigst, wie es die Rahmenbedingungen eben vorgeben. So hast du vielleicht auch verlernt, dich auf einen Prozess einzulassen, dich in ihn zu vertiefen, alles aus ihm raus zu holen und deinen Horizont zu erweitern. Du hast mehr und mehr das gemacht, was von dir verlangt wurde. Aber das Verlernte kann wieder erlernt werden.

Sinn und Glück

Einerseits haben wir auf dem Weg in einen erfüllten Berufsalltag die Motivation, die aus dem Inneren kommt. Andererseits geht es vorrangig um den Sinn, den wir in unserer Betätigung finden. Das heißt nicht, dass ich den ganzen Tag lang auf Wolke Sieben durch meinen beruflichen Alltag schwebe. Natürlich gibt es auch Dinge, die ich gerade nicht so gerne erledige, warum auch immer. Aber der Sinn dahinter steht über diesen Tätigkeiten.

An folgendem Experiment wird recht schnell klar, was ich meine: In einer Studie wurden Mütter von kleinen Kindern mit einem Gerät (Pager) ausgestattet und nach dem Zufallsprinzip über den Tag verteilt immer wieder gefragt, wie glücklich sie seien. Die Mütter bewerteten auf ihrem Pager ihre Befindlichkeit nach dem Schulnotensystem. Am Ende der Studie kam heraus, dass das Zusammensein mit kleinen Kindern ungefähr so viel Glück produzierte wie Putzen. Vielleicht kommt dir das aus deinem Leben bekannt vor? Kleine brüllende Kinder, die sich gerade in der Nein-Phase befinden, können ja tatsächlich anstrengend sein. Aber wenn sie dann am Abend friedlich im Bett liegen, von ihren Kuscheltieren umgeben, mit einem sanften Lächeln auf den Lippen ruhig und zufrieden schlafen, dann ist das Glück, das empfunden wird, mit Worten kaum zu beschreiben. Das Herz geht auf und wir schmelzen dahin vor lauter Glück. Warum ist das so? Kinder bescheren uns nicht den lieben langen Tag einen Glücksmoment nach dem anderen. Jedoch wird etwas ganz anderes in uns aktiviert. Kinder durchs Leben zu begleiten und mit ihnen zu leben, produziert nämlich Sinn. Glück und Sinn sind nicht miteinander zu verwechseln. In unserer Gesellschaft unterliegen wir der Illusion, Glück und Sinn seien ident. Wir glauben, dass Sinn durch möglichst viele Glücksmomente entstehen würde. Das ist aber nicht der Fall.

Immer wieder stehen bleiben

Die Geschichte von Lena, meiner Freundin der Hochzeitsplanerin, war mit dem Finden ihres Traumberufs noch nicht zu Ende. Vor Kurzem traf ich sie wieder. Sie wirkte wieder erschöpfter. Zu meiner Überraschung erzählte sie mir, dass sie einige anstrengende Monate hinter sich hatte. »Aber letztens hast du mir doch erzählt, wie sehr du deinen Beruf liebst«, erkundigte ich mich erstaunt. Was war passiert? »Oh ja, ich liebe meinen Beruf«, erwiderte sie. »Ich könnte mir keinen besseren Beruf vorstellen. Aber dennoch ist mir klar geworden, wie wichtig es ist, immer wieder einmal stehen zu bleiben und nachzuspüren, ob ich mir selbst auch treu bleibe. Ich bekomme unglaublich viele Anfragen für Hochzeiten. Einfach genial! Aber manchmal spüre ich, dass mir das alles etwas zu schnell gegangen ist. Ich war fast jedes Wochenende im vergangenen Jahr auf einer anderen Hochzeit. Ich hatte kaum mal eine Pause, um durchzuatmen. Ich habe mir keinen Urlaub gegönnt. Außerdem kommt mir immer wieder einmal mein Perfektionsdrang in die Quere. Es gibt so viele andere gute Hochzeitsplanerinnen. Bin ich wohl gut genug? Machen die anderen es besser?« Lena kam zu dem Entschluss, dass sie, auch wenn sie ihren

Beruf über alles liebte, dennoch immer wieder genau nachspüren musste, was ihr guttat und was nicht. Immer wieder einmal stehen zu bleiben und ihr selbst treu zu bleiben, darauf wollte sie in den nächsten Monaten ihren Fokus legen. Ein Balanceakt, der immer wieder ein Nachspüren braucht. Sie möchte sich von dem ständigen Vergleichen verabschieden. Sie will in ihrer authentischen, weiblichen Art genau die Hochzeitsplanerin sein, wie es sich für sie gut anfühlt. Und dazu gehört auch, Kunden abzusagen, wenn diese Vorstellungen an der Umsetzung des Festes haben, die absolut nicht mit Lenas Werten übereinstimmen.

Work-Life-Balance

Ich persönlich halte recht wenig von dem Begriff Work-Life-Balance. Er impliziert für mich, dass es auf der einen Seite die Arbeit (Work) und auf der anderen Seite das Leben (Life) gibt. Heißt das denn, dass wir, wenn wir arbeiten nicht leben und wenn wir leben nicht arbeiten? Für mich ist Arbeit Leben pur. Ich liebe es zu arbeiten. Es ist eine meiner Möglichkeiten zur Selbstverwirklichung. Es ist eine wesentliche Ausdrucksmöglichkeit in meinem Leben, die ich auf keinen Fall missen möchte. Steve Jobs, der Gründer der Firma Apple, sagte: »Deine Arbeit nimmt einen großen Teil deines Lebens ein. Nur, wenn du einen tollen Job hast, für den du dich begeisterst, wirst du zufrieden sein. Wenn du den noch nicht hast, suche weiter. Gib nicht auf. Suche ihn mit aller Kraft, dann wirst du ihn auch finden«. Arbeit, die einen ruft, in der frau voll und ganz aufgehen kann, hat Sinn.
Aber natürlich ist die Abgrenzung zum Privatleben dennoch wichtig, auch wenn du deine Berufung gefunden hast. Es braucht oft und immer wieder eine Erinnerung daran. Eine gesunde Balance ist und bleibt wichtig. Egal, wie viel Freude du an deiner Arbeit hast.

Female Empowerment-Tipp

Pausen gönnen

Scheue dich nicht davor, Leerzeiten in deinem Kalender einzuplanen. Dadurch gönnst du dir Zeit für dich selbst. Was du dann damit machst, bleibt dir überlassen. Achte auf die Zeichen, die dir dein Körper sendet. Lausche deinem Herzen. Suche dir sportlichen Ausgleich. Achte auf entspannende Tätigkeiten, bei denen du abschalten kannst. Verbringe Zeit mit deiner Familie. Triff dich mit Freunden, auch wenn du bereits deine Berufung gefunden hast und dich deine Arbeit bis in jede Zelle deines Körpers erfüllt.

Arbeit und Spiel

Als meine Kinder noch sehr klein waren, wurde mir ständig vor Augen geführt, wie echtes Spiel und das Aufgehen in einer Tätigkeit funktionieren. Ich erinnere mich an einen Italienurlaub am Meer. Endlose Sandstrände luden ein, riesige Sandburgen zu bauen. Mein jüngster Sohn war stundenlang damit beschäftigt, eine Sandburg zu bauen. Er ging vollkommen in seiner Tätigkeit auf. Nachdem sein Kunstwerk vollbracht war, rief er uns voller Freude zu sich. Die Sandburg war ein richtiges Prachtstück. Ich wollte nur mal schnell meinen Fotoapparat holen, um das Kunstwerk zu fotografieren. Doch als ich zurückkam, war die Burg bereits zerstört. Mein Sohn trampelte mit größter Freude auf ihr herum und lachte dabei vor Glück. Kinder sind nicht am Ergebnis orientiert, sondern am Erlebnis selbst. Die Freude am Tun war es, in der mein Sohn völlig aufging. Als die Burg fertig war, wurde das Spiel für ihn uninteressant. Das nächste Spiel kam an die Reihe: Voller Freude auf die Burg zu hüpfen und sie niederzutrampeln.

Auch wenn wir nicht wieder zu Kindern werden wollen und in unserem beruflichen Alltag nicht ein Glücksmoment den nächsten jagt, ist es dennoch von großer Wichtigkeit, dass auf Dauer wieder mehr das Erlebnis als das Ergebnis im Vordergrund steht. Nur so kann Arbeit auf lange Zeit erfüllen. Egal, ob du den Rasen mähst, die Küche zusammenräumst, ein Buch schreibst oder deine Buchhaltung erledigst. Der Weg ist das Ziel. Arbeite nicht nur, ... um Erfolg zu haben, ... um Geld zu verdienen, ... um berühmt zu werden usw.

Arbeit als Meditation

Der Glaubenssatz des Benediktinerordens »Ora et labora« – »Bete und arbeite« könnte somit für uns von großer Bedeutung sein. Er lädt uns ein, voll und ganz aufzugehen, in dem, was wir tun. Nimm das Arbeiten und Beten gleich wichtig. Beten können wir in unserer modernen Welt als Meditation auslegen. Das Wort Meditation beinhaltet den Wortstamm »Medi«, der so viel bedeutet wie »zur Mitte zu kommen«, »ganz bei sich zu sein«.

Wenn du aus deiner Arbeit Meditation machen kannst, ist das das Allerbeste, schreibt Osho in seinem Buch »Das Orangene Buch«. Was auch immer du tust, kann zur Meditation werden. Jede Beschäftigung wird zur Meditation, wenn du dich darin verlierst. Osho empfiehlt, nie bei der reinen Technik stehen zu bleiben. Du musst dich wie eine Verrückte hineinstürzen. Wie wahnsinnig musst du dich darin verlieren, ohne zu wissen, wohin du gehst. Denke an nichts anderes. Das heißt nicht, dass du mit deiner Arbeit kein Geld verdienen sollst oder etwas Produziertes nicht verkaufen willst. Aber das soll nicht immer der Beweggrund deiner Arbeit sein. Würdest du nur arbeiten, um Geld zu verdienen, dann würdest du eine reine »Technikerin« bleiben. Was du auch tust, tue es ganz und gar, verliere dich darin und genieße deine Arbeit als Mittel zur Selbstverwirklichung. Frage dich: Wie kann deine Arbeit zur Meditation werden? Wie kannst du voll und ganz darin aufgehen und deinen Weg zum Ziel machen?

*Es ist von
großer Wichtigkeit,
dass auf Dauer*
***wieder mehr
das Erlebnis** als
das Ergebnis
im Vordergrund
steht.*

Berufung

Seit ich meine Arbeit als Trainerin und Autorin gefunden habe, arbeite ich nicht mehr, denn ich liebe das, was ich tue. Ich kenne es nur zu gut, wie es sich anfühlt, seine Zeit abzusitzen und aus einer rein extrinsischen Motivation heraus zu arbeiten. Am Beginn dieses Buches bin ich kurz darauf eingegangen. Wenn mich jetzt meine Schwester wieder einmal fragt: »Und Tanja, musst du diese Woche noch viel arbeiten?«, dann erhält sie zu ihrem Leidwesen nie eine klare Antwort von mir. Ich gehe voll und ganz auf, in dem, was ich tue und es fühlt sich für mich an, als würde ich gerade die hungrigsten Enten der Welt füttern. Stünde dabei immer das Geld als Belohnung im Vordergrund, würde aus meiner Berufung irgendwann ein Job werden. Natürlich liebe ich es auch, Geld zu haben. Aber es soll nicht ständig im Vordergrund stehen oder gar das einzige Ziel meiner Arbeit sein. Nur durch ein größeres Büro, ein teureres Auto oder einen Luxusurlaub werden wir nicht wirklich glücklicher. Geld sollte nicht das Ziel deiner Arbeit sein, sondern es ist die natürliche Konsequenz einer Arbeit, die du gerne machst. Wenn du wirklich Veränderungen in deinem Leben einleiten möchtest und voller Energie durchs Leben gehen willst, musst du dich von der Leistungsgesellschaft und dem »Schneller! Besser! Mehr!« verabschieden, um aus einer echten intrinsischen Motivation heraus zu handeln und in der Tätigkeit selbst aufzugehen.

Dein Geburtsrecht

Denn es ist dein Geburtsrecht, Wohlstand zu leben, reich zu sein, und zwar auf allen Ebenen. Reichtum bedeutet so viel mehr als Besitztum. Reichtum kann Fülle von Liebe, Wissen und Kreativität tief in unserem Innern bedeuten. Und diese innere Energie sprudelt in uns als Quelle des Reichtums und versetzt uns in die Lage, im Zentrum unseres Lebens zu sein. Wir können reich an so vielen Dingen sein. An Freiheit und Frieden, an tiefer Verbundenheit mit anderen Menschen, an Freude und Dankbarkeit, an Gesundheit und Vitalität. Somit ist Reichtum natürlich nicht nur an Geld gekoppelt. Aber wenn du beginnst, bewusst an deinem Reichtumsbewusstsein zu arbeiten, wirst du erfahren, dass Geld plötzlich leichter in dein Leben kommen kann. Denn Geld fühlt sich nur dort wohl, wo Reichtumsbewusstsein zu Hause ist.

Das Gegenteil von Reichtumsbewusstsein wäre das Armutsbewusstsein. Wir fühlen uns dann arm, schuldig, wir fühlen uns nicht würdig genug, in Fülle zu leben. Es gibt viele Gründe dafür, dass wir glauben, dass Reichtum nicht unser natürlicher Seinszustand wäre. Meist liegt der Ursprung in Kindheitserfahrungen oder übernommenen Mustern von Eltern und nahen Bezugspersonen.

Fühlst du dich reich? Hast du das Gefühl, Wohlstand auf allen Ebenen verdient zu haben? Oder verursacht Geld bei dir ein schlechtes Gewissen? Höre einmal ehrlich in dich hinein, welche positiven oder negativen Gefühle die Vorstellung von Reichtum in dir auslöst.

GOLDSTAUB LIEGT IN DER LUFT. Ich habe es mir vor fast 20 Jahren zur Gewohnheit gemacht, egal wo ich hinkomme, egal auf welche Menschen ich treffe, egal, ob ich ein Seminar halte oder im Homeoffice arbeite, diesen Satz in den Raum zu flüstern: »Goldstaub liegt in der Luft … Goldstaub liegt in der Luft …« Und das mache ich bis heute. Probiere es einfach einmal aus, ohne viel darüber nachzudenken und sei gespannt auf die Wunder, die dich erwarten.

Berufung

Mich faszinieren Geschichten von Frauen, die ihre wahre Berufung leben. So wie die Geschichte von Gillian Lynn. Ken Robinson, ein britischer Bildungsexperte, erzählte auf dem TED-Forum im Jahre 2016 im Rahmen seiner Rede »Im Umgang mit Kreativität an Schulen« die Geschichte von Gillian, die uns zeigt, was folgen kann, wenn wir einen Beruf ausführen, der Sinn ergibt, und was passiert, wenn wir auf unser Herz hören:

»Jeder kennt die Arbeit der britischen Tänzerin und Choreografin Gillian Lynne. Sie produzierte Cats und das Phantom der Oper. Sie ist wundervoll. Keiner hätte sich gedacht, was aus ihr werden würde, als sie ein kleines Mädchen war. In der Schule war sie wirklich hoffnungslos. Die Schule in den 1930er-Jahren schrieb ihren Eltern: »Wir glauben, Gillian hat eine Lernschwäche.« Sie konnte sich nicht konzentrieren, sie zappelte herum. Sie störte die anderen. Ihre Hausaufgaben gab sie immer zu spät ab. Ein kleines achtjähriges Kind eben. Heute würde man sagen, sie hat ADHS. In den 1930er-Jahren war ADHS noch nicht bekannt, es war also keine verfügbare Diagnose. Die Leute wussten noch nicht, dass man daran erkranken konnte. Jedenfalls ging Gillian mit ihrer Mutter zu einem Spezialisten. Ein eichengetäfelter Raum. Sie saß am Ende des Raums auf einem Stuhl. Sie saß dort zwanzig Minuten lang auf ihren Händen, während der Mann mit ihrer Mutter über all die Probleme sprach, die Gillian in der Schule hatte. Und zum Schluss setzte sich der Doktor neben sie und sagte: »Gillian, ich habe mir alles angehört, was deine Mutter mir erzählt hat. Ich möchte alleine mit ihr sprechen. Warte einfach hier, wir werden gleich zurück sein. Es dauert nicht lange.« Und sie gingen hinaus und ließen Gillian sitzen. Aber bevor sie den Raum verließen, stellte der Spezialist das Radio an, das auf seinem Tisch stand. Und als sie draußen waren, sagte er zu ihrer Mutter: »Bleiben Sie einfach hier stehen und schauen sie ihr zu.« Und in dem Moment, als sie den Raum verlassen hatten, war Gillian auf den Beinen und bewegte sich zur Musik. Sie sahen ihr einige Minuten zu, dann drehte sich der Spezialist zu Gillians Mutter und sagte: »Wissen Sie Miss Lynne, Gillian ist nicht krank, sie ist eine Tänzerin. Bringen Sie sie zu einer Tanzschule.« Ihre Mutter tat genau das. Es ist kaum zu beschreiben, wie wundervoll das für Gillian war. Sie erzählt: »Wir kamen in diesen Raum und der war voller Menschen wie mir. Menschen, die nicht stillsitzen konnten. Menschen, die sich bewegen mussten, um zu denken. Die sich bewegen mussten, um zu denken!!!« Sie machte Ballett, sie übte Stepptanz, sie tanzte moderne und zeitgenössische Tänze. Schließlich konnte sie am Royal Opera House vortanzen, sie wurde Solistin und hatte eine großartige Karriere. Sie gründete ihre eigene Firma, traf Andrew Lloyd Webber. Sie ist verantwortlich für einige der bekanntesten Musical-Produktionen aller Zeiten. Hat Millionen Menschen Freude geschenkt und ist Multimillionärin. Ein anderer Arzt als dieser Spezialist hätte sie möglicherweise unter Medikamente gesetzt und hätte ihr gesagt, sie solle sich beruhigen.«[22]

Der entspannte Berufsalltag

Egal, ob du bereits einen Beruf ausführst, der dich zutiefst befriedigt. oder du noch auf der Suche danach bist. Egal, ob du eine Arbeit ausführst, die du nur vorübergehend praktizierst, oder ob du dich jetzt gerade, warum auch immer, damit abgefunden hast, diesen Job zu machen. Vielleicht ist gerade nichts anderes in Aussicht, du weißt noch nicht, welche Gaben dich auszeichnen oder aufgrund deiner familiären Situation ist einfach nichts anderes drin. Frage dich jetzt als Erstes: »Was wäre, wenn alles so sein dürfte, wie es ist?« Auch wenn du beruflich noch nicht dort bist, wo du hin möchtest, bist du in Ordnung so wie du bist. Und zweitens: Mit folgenden fünf Tools bringst du mit etwa. Übung mehr Entspannung, mehr Zufriedenheit und innere Befriedigung in deinen Berufsalltag. Ich nenne diese Tools auch gerne die weichen Faktoren des Erfolgs. Zu Beginn des Buches erwähnte ich, dass ich während meiner Krise beschlossen hatte, in meinem beruflichen Alltag den weichen Faktoren des Erfolges wieder mehr Beachtung zu schenken. Vor der Krise war ich immer öfter im Multitasking-Modus anzutreffen. Ich gönnte mir keine Pausen mehr und war gedanklich mehr in der Zukunft oder Vergangenheit als im Hier und Jetzt.

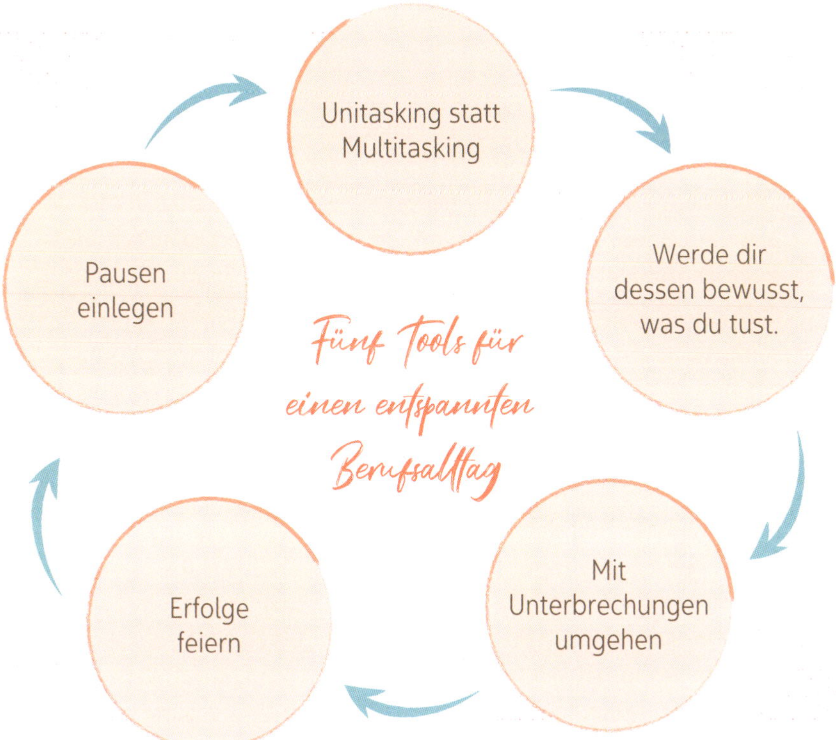

Zusätzlich zur tiefen Bauchatmung gehören diese fünf Tools zu meinen wichtigsten Schnellhilfemethoden. Sie bringen nicht nur innere Ruhe und Gelassenheit in mein Tun, sondern helfen mir auch, mit Fokus und Umsetzungsfreude meine alltäglichen Dinge zu verrichten. Ich bin zentrierter, fokussierter und erledige die Dinge entspannter und effektiver.

Ich spreche von folgenden Faktoren, die jeden beruflichen Alltag einer Frau sehr bereichern:

1. Unitasking statt Multitasking
2. Werde dir dessen bewusst, was du tust
3. Mit Unterbrechungen umgehen
4. Erfolge feiern
5. Lege Pausen ein

Sie sind tatsächlich als Leitfaden gedacht, an dem du dich Schritt für Schritt orientieren kannst. Am besten schreibst du diese fünf Tools auf riesengroße Post-its und hängst sie überall an deinem Arbeitsplatz auf. Diese weichen Faktoren des Erfolges sind natürlich nicht nur im beruflichen Umfeld sehr hilfreich. Sie entspannen auch enorm dein privates Umfeld.

Unitasking statt Multistasking

Erst vor kurzem wurde mir wieder einmal bewusst, wie unser Gehirn funktioniert. Ich fuhr mit meinem Auto Tempo 130 auf der Autobahn. Via Bluetooth lauschte ich einer höchst interessanten Podcastepisode zum Thema »Frau und Business«. Die Ideen gefielen mir, die Stimme der Sprecherin war sehr angenehm. Ich war völlig vertieft in das, was sie sagte, als plötzlich vor mir ein LKW eine Notbremsung hinlegte. Reflexartig trat ich wie wild auf mein Bremspedal und konnte mein Auto zum Glück rechtzeitig vor dem Aufprall zum Stehen bringen. Im ersten Moment konnte ich nur meinen lauten Herzschlag hören, sonst nichts. Nach einiger Zeit, ich weiß nicht genau wann, nahm ich plötzlich wieder die Stimme der Podcasterin wahr, die noch fröhlich trällernd ihre Ideen zu einem modernen Frauenbusiness von sich gab. Was war passiert? Warum hatte ich die Stimme aus dem Radio während meiner Vollbremsung nicht gehört? Mein Gehirn musste sich entscheiden. Entweder den interessanten Beitrag weiter anhören oder bremsen. Beides ging nicht. Mein Gehirn entschied sich zum Glück für die Vollbremsung.

Wissenschaftlich gesehen schalten wir beim Multitasking schnell zwischen mehreren Aktivitäten hin und her. Mehrere Dinge gleichzeitig zu tun ist im Grunde nicht möglich. Natürlich machen wir es. Ständig sogar. Vor allem wir Frauen. Darauf sind wir ja auch sehr stolz. Aber die absolute Aufmerksamkeit liegt, auch wenn wir mehrere Dinge gleichzeitig tun, immer nur auf einer einzigen Sache.

*Das, was
du gerade tust,
ist* ***deine
momentane
Aufgabe****,
die oberste
Priorität hat.*

Denn wenn du dich tatsächlich auf die Straße konzentrieren musst, wirst du bemerken, dass du die Stimme der Radiosprecherin nicht mehr wahrnimmst. Wenn das Nudelwasser überkocht und du schnell den Herd runterdrehst, wirst du merken, dass du ein paar wichtige Worte deines Kunden am Telefon nicht gehört hast. Das heißt, wenn du die Aufmerksamkeit für eine Sache brauchst, funktioniert dies nur, wenn du die Aufmerksamkeit auf diese eine Sache richtest.

Auch wenn wir Frauen stolz darauf sind, alles gleichzeitig erledigen zu können, macht diese Haltung im Grunde Stress. Der Bereich, der zu überblicken gilt, wird immer größer. Unitasking hingegen entspannt enorm. Unitasking entstresst. Mache deshalb eine Sache zur selben Zeit. Das, was du gerade tust, ist deine momentane Aufgabe, die oberste Priorität hat.

- Wenn du Mutter bist, dann spiele entweder mit deinem Kind oder beantworte E-Mails.
- Wenn du Telefonistin bist, dann telefoniere entweder mit deinem Kunden oder bearbeite ein Protokoll am PC.
- Wenn du Lehrerin bist, dann kontrolliere entweder die Schularbeiten oder bereite einen Test für morgen vor.

Damit du ein Gespür dafür bekommst, wie es sich anfühlt, ganz im Hier und Jetzt zu sein, gehe immer wieder bewusst in Situationen hinein, in denen du gut spüren kannst, bei einer Sache zu sein. Bei mir ist es zum Beispiel Schwimmen im See. Nimm die Umstände dabei ganz genau wahr. Mache deinen Körper und Geist darauf aufmerksam, was du von ihm möchtest, was dir guttut, wie es sich für dich anfühlt. Und dann integriere dieses gute Gefühl, ganz im Hier und Jetzt zu sein, nach und nach in deinen beruflichen Alltag. Du wirst bald merken, wie Unitasking spürbar deinen Alltag entspannt und Freude in dein Tun bringt.

Werde dir dessen bewusst, was du tust

Halte einen Moment inne und entscheide dich bewusst für diese eine Tätigkeit. Ein einfacher Trick, wie du diese Bewusstwerdung üben kannst: Benenne mit ein paar wenigen Worten deine momentane Tätigkeit. Wunderbar funktioniert dies anfangs mit einer einfachen Meditation.

Und so nimmst du dieses Benennen einer Tätigkeit mit in deinen beruflichen Alltag. Wenn du dich z.B. hinsetzt und deine E-Mails beantwortest, so benennst du zu Beginn deiner Tätigkeit diese Aktivität mit »Ich beantworte jetzt meine E-Mails.« Oder wenn du deinen Schreibtisch zusammenräumst, kurzes Benennen wie »Ich räume jetzt meinen Schreibtisch auf«. usw. Führe diese eine Betätigung mit Hingabe durch. Ganz egal, worum es gerade dabei geht. Aber bleibe dabei flexibel und natürlich.

Sobald du dich für eine Tätigkeit entscheidest, benennst du sie kurz und entscheidest dich, dass diese Aktivität deine Hauptaktivität in diesem Moment ist. Auch wenn du mit einem Kollegen ins Gespräch gehst und vielleicht andere Dinge warten, benennst du diese Entscheidung beispielsweise mit »Ich spreche jetzt mit Angelika«. Wenn du in die Pause gehst, benennst du dies innerlich kurz mit »Ich gehe in die Pause«. Deine nächste Tätigkeit ist vielleicht, dass du ein Telefongespräch führst. Du benennst dies mit »Ich führe dieses Telefongespräch«. Ebenso kannst du das zu Hause fortführen. »Ich spiele jetzt mit meinem Kind«, »ich koche das Essen«, »ich esse«, »ich räume den Geschirrspüler aus« oder »ich mache das Bett«.

So entsteht eine natürliche Aufmerksamkeit für das, was du gerade tust. Du entscheidest dich bewusst für diese eine Tätigkeit. Du steigst aus den unbewussten Handlungen aus und hörst auf, im Hamsterrad zu laufen. Du steigst ebenso aus dem ständigen »Müssen« aus. »Ich muss noch die E-Mails beantworten«, »ich muss dieses Telefonat führen«. Es geht vielmehr in eine bewusste Entscheidung über, dies zu tun. Es entsteht ein Gefühl des »Wollens«. »Ich will die

Meditation

Setze oder lege dich so hin, dass du dich für ein paar Minuten entspannen kannst. Schließe deine Augen. Atme ein und aus.

Du atmest ein, dabei hebt sich deine Bauchdecke und du benennst dies mit »Heben, heben«. Wenn du ausatmest und sich deine Bauchdecke senkt, benennst du dies mit »Senken, senken«. Einatmen benennen, ausatmen benennen.

Wenn du merkst, dass deine Gedanken abschweifen und du z.B. an deinen morgigen Termin denkst, benennst du dies mit »Denken, denken«. Dann kehrst du wieder zu der Atemübung zurück. Oder du spürst ein Jucken im Körper. Dann benennst du dies mit »Jucken, jucken«. Und bringst die Aufmerksamkeit wieder liebevoll zu deinem Atem und dem Heben und Senken deiner Bauchdecke zurück.

E-Mails beantworten«, »ich will dieses Telefonat führen«. Es ist eine bewusste Entscheidung.

Wenn wir ein kleines Kind beobachten, können wir dieses Naturgesetz sehr gut sehen. Kinder leben diese Fähigkeit noch. Wenn wir Erwachsene diese Fähigkeit wieder trainieren, dann breitet sich ein angenehmes Gefühl tiefer Befriedigung in uns aus.

Mit Unterbrechungen umgehen

Was wäre, wenn alles so sein dürfte, wie es ist. Wirklich alles. Auch eine Unterbrechung. Du hast dir fest vorgenommen, diese eine Sache jetzt durchzuziehen. Ohne Wenn und Aber. Von keinem lässt du dich stören. Denn du weißt, dass du mit Unitasking und dem Benennen der Tätigkeit deine Aufgaben in Ruhe erledigen kannst.

Und dann: Ein unerwarteter wichtiger Telefonanruf. Oder dein Kollege im Büro muss dir etwas Wichtiges mitteilen. In deinem Homeoffice geschieht etwas Unerwartetes. Eines deiner Kinder verletzt sich und muss verarztet werden. Vorbei mit Unitasking? Nein.

Wie gehst du am besten damit um?

Wenn es um dringliche Dinge geht, die einfach jetzt erledigt werden müssen, dann schenkst du auch dieser Unterbrechung deine volle Aufmerksamkeit. Du verlagerst sozusagen deine Aufmerksamkeit. Die Unterbrechung wird zu einem eigenen Projekt im Projekt. Sie wird somit nicht als Störung empfunden, sondern als etwas, dem du auch deine volle Aufmerksamkeit schenkst. Natürlich musst du abwägen, wie dringlich die Situation ist. Nicht jeder Unterbrechung, die gerade einmal zufällig hereinflattert, kannst du nachgehen. Aber wenn du dich entschließt, dieser Unterbrechung nicht nachzugehen, dann kannst du auch mit voller Aufmerksamkeit mitteilen, dass du dich jetzt nicht unterbrechen lässt.

Ich z. B. arbeite sehr viel von meinem Homeoffice aus. Ich verbringe mit meinen Kindern sehr gerne sehr viel Zeit. Aber wenn ich am PC sitze und an einem neuen Buch schreibe, kann ich mich nicht andauernd unterbrechen lassen. Ich widme mich also kurz voll und ganz der Unterbrechung, nehme sie wahr und entscheide mich. Hat ein Kind ein dringliches Problem, das nicht aufgeschoben werden kann, dann widme ich mich voll und ganz der Unterbrechung. Nicht nur nebenbei ein bisschen. Ich drehe mich zu meinem Kind, schaue ihm in die Augen, höre ihm zu und wir entscheiden weiter, was zu tun ist. Ist die Unterbrechung jedoch meiner Meinung nach nicht dringlich, ist mir mein Text, den ich gerade fertig schreiben möchte wichtiger, dann teile ich ebenso mit voller Aufmerksamkeit mit, dass ich jetzt nicht unterbrochen werden möchte.

Es gibt auch andere Unterbrechungen. Unterbrechungen, die vom eigenen Gedankenkarussell ausgehen. Vielleicht fällt dir während einer intensiven Arbeit ein, dass du nachher noch etwas zu erledigen hast. Dein Partner hat morgen Geburtstag und du möchtest noch ein Geschenk besorgen. Du schweifst ab, hängst deinem Gedanken nach und wirst unaufmerksam. Wie wir noch lernen werden, kann das auch bedeuten, dass du eine Pause einlegen musst, falls diese gedanklichen Unterbrechungen häufiger vorkommen. Ansonsten schenkst du auch dieser Gedankenunterbrechung deine kurze Aufmerksamkeit. Ich schreibe diesen Gedanken gerne auf ein Post-it oder in meinen Kalender, sodass ich ihn nicht vergesse und mich wieder voll und ganz meiner momentanen Tätigkeit widmen kann. Also schreibst du: »Geschenk für Alex besorgen.« Fertig. Und weiter geht es.

Wenn du in deinem Büro oder deiner Arbeit, der du nachgehst, oft unterbrochen wirst, öfter als dir lieb ist, und diese Unterbrechungen nicht relevant sind, dann solltest du auf jeden Fall auch die Umstände ändern. Das heißt, gib deutlich zu erkennen, dass du nicht gestört werden möchtest.

- Mit einem Schild an der Tür.
- Mit einer entsprechenden Körperhaltung.
- Pack Ohrstöpsel in deine Ohren.

TELEFONISCHE UNTERBRECHUNGEN Noch ein Tipp zu telefonischen Unterbrechungen. Gerade dabei ist es ganz wichtig, sich voll und ganz dem Gesprächspartner am Telefon zu widmen. Das Gespräch fällt dann kürzer und effektiver aus. Es wird nicht nur gefaselt, sondern es werden klare Entscheidungen getroffen.

Löse dich mit deinem Blick vom Bildschirm, drehe deinen Drehstuhl zur Seite und sei voll und ganz bei deinem Gesprächspartner.

Es ist immer wieder faszinierend, dass wir davon ausgehen, dass der Gesprächspartner am anderen Ende der Leitung nicht merkt, wann wir etwas anderes nebenbei machen. Oft hört man ein Tippen im Hintergrund oder die Stimmlage verändert sich, wenn nur halb zugehört wird. Ein monotones »Aha, Aha …« ist zu hören. So kommt man nur schwer im Gespräch voran.

Also: Telefon bewusst abheben, sich voll und ganz der Person am anderen Ende der Leitung widmen, das Gespräch beenden und mit der momentanen Hauptaktivität fortfahren.

Erfolge feiern

Mein Artikel für eine Frauenzeitschrift, an dem ich gerade zwei Stunden geschrieben habe, ist fertig. Es warten zwar schon 30 E-Mails in meinem Postfach auf ihre Beantwortung, aber das muss jetzt kurz warten. Ich muss nämlich etwas feiern. Und zwar meinen gerade fertiggestellten Artikel. Ich stehe auf und bereite mir in der Küche einen frisch gepressten Orangensaft zu. Ich erhebe das Glas und stoße gedanklich mit mir selbst an. Ich genieße den Geschmack des süßsäuerlichen Saftes und bin stolz auf meine getane Arbeit. Dann setze ich mich zurück an meinen Schreibtisch und mache mich an die Arbeit, die eingegangenen E-Mails zu beantworten. Warum ich das getan habe? Ich feiere die Feste wie sie fallen. Und dazu gehört auf jeden Fall, zu Ende gebrachtes zu feiern, etwas bewusst abzuschließen. Kleine Erfolge ebenso wie große Erfolge.

Wenn du
etwas zu Ende
gebracht hast
oder einen
Erfolg erzielt hast,
dann ***wertschätze***
diesen Moment*.*

Wenn du etwas zu Ende gebracht hast oder einen Erfolg erzielt hast, dann wertschätze diesen Moment. Ganz bewusst. Sei stolz auf dich. Dazu gehört auch, dass du deine momentane Haupttätigkeit zu Ende bringst. Bevor du dich etwas Neuem zuwendest, bringe die eine vorherige Sache zu Ende. Das fällt vielen oft schwer. Es macht einfach nicht mehr so viel Spaß, es braucht mehr an Konsequenz als an Kreativität und es ist oft auch einfach langweilig. Aber darin liegt ein wesentlicher Erfolgsfaktor für einen energiefüllenden Alltag. Erst, wenn etwas abgeschlossen ist, kehrt Ruhe ein. Um dich herum, aber auch in dir selbst.

Wenn du z.B. deinen Schreibtisch verlässt, weil du einen Artikel oder eine Anzeige fertiggestellt hast, dann räume deinen Schreibtisch auf. Mache reinen Tisch, bevor du dich der nächsten Sache annimmst. Auch wenn du vielleicht sitzen bleibst und nur dein nächstes Projekt angehst, mache reinen Tisch. Räume zuerst die erledigten Dinge weg, bevor du die neuen Unterlagen rausholst. Nimm den Moment des abgeschlossenen Projekts ganz bewusst wahr. Genieße, auch wenn es nur für ein paar Sekunden ist. Nimm wahr, dass du etwas abgeschlossen hast, bevor du dich aufs Nächste einlässt.

Dinge, die länger dauern, können meist natürlich nicht auf einmal komplett erledigt werden. Aber sie unterteilen sich in unterschiedliche Phasen des Prozesses. Und diese eine, jeweilige Phase wird dennoch wieder zu Ende gebracht. So entsteht nach und nach z.B. ein Buch, ein Bild oder ein selbstgenähtes Kleidungsstück.

Wenn du ein Projekt abgeschlossen hast, darf das ruhig auch gefeiert werden. Wie auch immer du es würdigen möchtest, das kann einfach eine Pause sein, ein Glas selbstgepresster Orangensaft, wie bei mir eben, oder ein Waldspaziergang. Oder du triffst dich mit einer Freundin oder was auch immer. Du darfst dir selbst auf die Schulter klopfen und es bewusst abschließen. Wenn du eher zu den »Erfolgstypen« gehörst, dann mache etwas richtig Sinnloses. Absichtsloses. Es muss nicht alles sinnvoll sein, was du tust.

Lege Pausen ein

Wenn du aktiv an einer Sache arbeitest, wirst du nach einiger Zeit merken, dass deine Konzentration nachlässt. Meist ist das schon nach ca. 40 Minuten der Fall. Du beginnst, auf dem Stuhl herumzurutschen, gähnst und streckst dich vielleicht öfters, checkst zwischendurch deinen Facebook-Account, deine Gedanken schweifen ab, du starrst aus dem Fenster. Dann ist es wichtig, eine Pause einzulegen.

Diese Pausen sollten für sinnliche Tätigkeiten genutzt werden. Mache also etwas, das nicht deinen Geist in Anspruch nimmt. Das kann alles Mögliche sein.

- Trinke eine gute Tasse Tee,
- mache ein paar Atemübungen,
- gehe eine Runde spazieren,
- mach ein paar Hampelmannsprünge,
- trinke ein Glas Wasser,
- mache ein paar Körperübungen.

Erlaube deinem Geist, sich auszuruhen, wenn du eine geistig anspruchsvolle Arbeit ausführst.

Du wirst merken, dass du in diesen Pausen schnell regenerierst. Wenn du diese Pausen übergehst, wirst du immer langsamer, zapfst die Energiereserven deines Körpers an. Wir haben unter anderem in der Schule gelernt, diese natürlichen Impulse des Körpers zu übergehen. Tun uns selbst aber nichts Gutes damit.

Aber nicht nur das bewirken die Pausen. Es entsteht auch Raum für neue Einfälle. Durch den Abstand zu deinem konzentrierten Tun können deine Gedanken freien Lauf nehmen. Dir wird in dieser Pause bewusst, wie du nach der Pause weiter vorgehen willst. Worauf du dich konzentrieren willst und was wesentlich ist. Das ist ein Phänomen, das bei kleinen Pausen zwischendurch zu beobachten, aber auch bei großen Pausen sehr wertvoll ist. Kurze Auszeiten von ein bis zwei Tagen, aber auch Urlaube von einer oder mehreren Wochen gehören ebenso zu diesen wertvollen Gedankenpausen.

Dein ***Körper und Geist*** *geben dir zu erkennen, wenn der* ***Energielevel sinkt.*** *Du musst nur wieder lernen,* ***diese Zeichen*** *zu* ***verstehen****.*

Ich brauche diese Pausen regelmäßig. Ich arbeite sehr konzentriert an meinen Projekten und lasse mich teilweise von meinen Ideen gefangen nehmen. Oft verlaufe mich auch in meinen Projekten. Dann fahre ich für ein paar Tage in die Berge oder ans Meer. Und plötzlich, nach zwei Tagen, kommt mein Geist zur Ruhe, spüre ich, dass diese eine Idee absolut nicht umsetzbar ist oder sie mir zu viel Energie rauben würde. Ich verwerfe die Idee oder modele sie so um, dass sie sich stimmig für mich anfühlt. Das alles geschieht meistens in Auszeiten. In diesen wird mein Geist wieder klar und ich kann mich auf das Wesentliche zurückbesinnen. Ich kann meine innere Stimme wieder deutlicher wahrnehmen.

Dein Körper und Geist geben dir zu erkennen, wenn der Energielevel sinkt. Du musst nur wieder lernen, diese Zeichen zu verstehen. Wir neigen oft dazu, diese Signale zu übergehen. Was wären Zeichen, die dein Körper oder Geist dir schickt, um eine Pause einzulegen?

- Du fängst an, Fehler zu machen.
- Du wirst unkonzentriert.
- Du vergisst Dinge.
- Du verspürst Widerwillen.
- Du wirst langsamer.
- Schmerzen werden spürbar, am Rücken, im Nacken oder der Magengegend.
- Du denkst dir »Das schaff ich noch. Ich halte noch durch, dann bin ich fertig.«
- Du beginnst planlos im Internet zu surfen.

Viel besser wäre es, diese Zeichen zu erkennen und bewusst eine Pause einzulegen. Im Tagesverlauf kann das ruhig eine kurze Pause sein. Aber sie sollte bewusst genommen werden, wie eingangs erwähnt. Ein Tasse Tee trinken, aufstehen, sich dehnen und strecken usw. Danach fühlst du dich wieder frisch und bereit dafür, konzentriert weiterzumachen.

Zusammenfassung

Immer mehr Frauen haben das Gefühl, ihr Leben zu versäumen oder sich beruflich nicht verwirklichen zu können. Es gibt kaum Vorbilder für uns Frauen, die uns zeigen, wie wir unser Leben selbstbestimmt und im wahrsten Sinne des Wortes erfüllt gestalten können.

Doch der neue Zeitgeist ist bereits zu spüren. Immer mehr moderne, selbstbewusste Frauen geben das Tempo vor. Sie erledigen die Anforderungen nach ihren Regeln. Sie achten ihre Rhythmen und das Weibliche. Das Leben der Yin-Qualitäten bringt wieder Sinn in einzelne Aktivitäten, auch im beruflichen Umfeld.

Bei der intrinsischen Motivation geht es um deinen inneren Anreiz. Diese Tätigkeit auszuführen, liegt in dir selbst. Eine hohe intrinsische Motivation wird als Voraussetzung für kreative Leistung angesehen. Die Motivation kommt aus dir selbst. Du hast Freude an der Tätigkeit und nicht am Ergebnis.

Die Definition von Erfolg ist etwas sehr Persönliches und Individuelles. Dem Begriff nach, ist Erfolg all das, was erfolgt. Es ist also die Folge des Denkens, Fühlens, Handelns. Wenn wir uns wahren Erfolg ansehen, der tiefe Befriedigung nach sich zieht, kann der Weg dorthin nur von »innen nach außen« vollzogen werden.

Wir tauchen gerade erst ein in das Zeitalter der unbegrenzten Möglichkeiten. **Female** Empowerment bedeutet, dass Frauen ihren Platz einnehmen, ihre Rhythmen achten, den nächsten Schritt gehen und ihre Selbstentfaltung ihren Platz einnimmt.

Mache nur eine Sache zur selben Zeit. Das, was du gerade tust, ist deine momentane Aufgabe, die oberste Priorität hat.

Zusätzlich zur tiefen Bauchatmung gehören die fünf Tools für einen entspannten Berufsalltag zu den wichtigsten Schnellhilfemethoden. Sie bringen nicht nur innere Ruhe und Gelassenheit in die Umsetzung, sondern helfen auch, mit Fokus und Umsetzungsfreude die alltäglichen Dinge zu verrichten. Du bist zentrierter, fokussierter und erledigst die Dinge entspannter und effektiver.

Lebe wild, verrückt und wunderbar

Du als kraftvolle Frau

Lebe lebendig, wild und wunderbar. Höre den Ruf des Lebens in all seinen Facetten. Wage es, dem Leben ein lautes »Ja« entgegenzurufen. Erlaube dir, all das in deinem eigenen Tempo zu machen. Vergleiche dich nicht mit anderen – nur du alleine kannst deinen individuellen, genialen Weg als kraftvolle Frau gehen.

All das, was du im Laufe des Buches erfahren und dir angeeignet hast, deine Yin-Qualitäten, die innere Ruhe, Hingabe, Intuition und das Achten deiner Rhythmen stehen in keinem Widerspruch zu einem wild-verrückten Leben. Ganz im Gegenteil. Wenn du deine Yin-Anteile wieder lebst, deine Bedürfnisse wieder wahrnimmst und du ein entspanntes Körpergefühl in dir erschaffen hast, beginnt erst das richtige Abenteuer. Frauen sind auf Kraft programmiert. Das Ziel dieser Reise ist, dass du deine einzigartige Version des Lebens entdeckst, einschließlich der Gewissheit, dass alles an dir genau richtig ist, wie es ist. Der Weg führt dahin, dass du deine weibliche Kraft wiederherstellst und du in der Lage bist, deine wahre Größe zu leben.

Zeit für Mutausbrüche

Vor einige Zeit war ich mit den Frauen meiner Jahreskreisrunde unterwegs auf einer Expedition. Wir haben uns zum Ziel gesetzt, ohne unseren Alltagsluxus eine Nacht in der Tiefe des Waldes unter freiem Himmel zu verbringen. Wir hatten kein Zelt dabei, nur einen Schlafsack.

Vielleicht klingt das für dich nach keiner großen Herausforderung. Für mich war es das. Wenn es immer stiller und einsamer um einen herum wird und sich mitten im Nichts die Dunkelheit über alles legt, ist das eine ganz außergewöhnliche Erfahrung. Die Finsternis in der Natur kann man nicht mit der Nacht in der Zivilisation vergleichen. Die Geräusche des Waldes und der Tiere, die Sinneswahrnehmungen und die eigenen Gedanken können überdimensional werden und auch Ängste schüren. Aber sich dem Einklang und dem Rhythmus der Natur anzuvertrauen, hat auch ein überwältigendes Gefühl von Frieden, Klarheit und Freiheit in mir ausgelöst.

Ich versuche immer wieder, meine Gewohnheiten zu durchbrechen und gewinne dabei unglaublich wertvolle Erfahrungen über das Leben und tiefe Einblicke in mich selbst.

Warte nicht auf morgen, dein Leben findet jetzt statt. Jeder Mutausbruch bringt dich einen Schritt weiter auf dem Weg zu deiner besten Version. Und die positive Energie, das Gefühl von tiefer Klarheit und Freiheit nach einem Mutausbruch sind einfach unbeschreiblich.

Wenn wir trotz Angst und Zweifeln unserem Bauchgefühl und der tiefen Sehnsucht danach folgen, was sich richtig anfühlt und unser Herz beflügelt, kann das ungeahnte Stärke und Mut in uns erwecken. Denn wenn wir im Innern spüren, wohin es uns zieht und schließlich losgehen, dann können wir wachsen, uns entwickeln und unsere ureigene Lebensvision immer klarer formen. Fange mit kleinen Schritten an und lerne, deine Routinen zu durchbrechen, dir selbst zu vertrauen und dich dem Leben hinzugeben.

Der Sprung

Anna ist unbeschreiblich aufgeregt. Ihr Herz klopft bis zum Hals, Schweißperlen stehen ihr auf der Stirn, ihr ganzer Körper zittert. Wenn sie nach unten blickt, fährt ihr ein kalter Schauer über den Rücken. Doch dann ... sie springt. Sie fällt und fällt und fällt – bis sich der Fallschirm öffnet. Erst jetzt spürt sie, dass sie in Sicherheit ist und genießt die letzten Minuten ihres Sprunges. Sie hat all ihre Ängste überwunden. Ihre größte Angst war es, aus einem Flugzeug zu springen. Trotzdem hat sie es gewagt. Warum? Anna ist Buddhistin. Seit mehr als 15 Jahren. Leidenschaftlich. Sie erzählt mir, dass es bei den Buddhisten immer wieder darum geht, seine größten Ängste zu überwinden, um der Angst nicht ausgeliefert zu sein. Wir haben heute mehr Angst vor dem Leben als vor dem Tod. Das heißt, wir bleiben lieber in unserer uns bekannten Begrenzung, als dass wir es wagen, unbegrenzt, weit und frei zu sein. Es fehlt uns die innere Erlaubnis, der Mut, ganz zu sein. Diese Ur-Angst ist wie eine dunkle Wolke, die tabu ist, die wir nicht sehen können, die wir auch nicht aushalten können.

Angst und Furcht kennt jeder. Keiner hat sie gerne. Um Angst dauerhaft zu überwinden, müssen wir sie erst einmal kennenlernen und verstehen. Und dazu muss man sich auch immer wieder mit ihr konfrontieren. Nach der Lehre des Buddha hat jedes Phänomen und jede Emotion eine Ursache bzw. mehrere Bedingungen, die wir versuchen können, uns zu erarbeiten. Es geht darum, das zu ändern, worauf wir Einfluss haben, um unsere Angst zu überwinden und sie in Zukunft gar nicht mehr entstehen zu lassen.

Du musst nicht nach den Lehren des Buddha leben, um deine Ängste zu überwinden. Das mache ich auch nicht. Aber frage dich, was wäre »der Sprung« in deinem Leben. Was müsstest du machen, um das Gefühl zu haben, eine Angst überwunden zu haben. Eine Angst, die dich in deinem Leben klein und gefangen hält?

Natürlich gibt es noch unzählige Abenteuer mehr, mit denen du experimentieren kannst. Kleine und große. Unscheinbare und laute.

Female-Empowerment-Tipp

Raus aus der Komfortzone

Mache dir eine Liste mit deinen Ängsten und experimentiere mit ihnen. Komme raus aus der Komfortzone und entdecke dadurch neue Dimensionen deines Lebens. Spüre die Weite und Freiheit, die dadurch entstehen.

Je nach Geschmack und Experimentierfreudigkeit. Und so kommst du nach und nach raus aus der Routine, überwindest deine Ängste und gibst dich dem Leben hin.

Routinen durchbrechen

Ich habe ganz bewusst die Überschrift des Kapitels »Lebe wild, verrückt und wunderbar« genannt. Es braucht immer wieder einmal ein Ver-rücken. Wir wollen nicht verrückt werden, vielmehr wollen wir aus alten Denkmustern aussteigen, um freier und lebendiger zu werden. Und dazu braucht es oft ein sich »Ver-rücken«! Es ist unumgänglich, immer wieder die eigenen Gewohnheiten zu durchbrechen und dabei unglaublich wertvolle Erfahrungen über das Leben und tiefe Einblicke in sich selbst zu gewinnen. Entdecke dein Leben immer wieder neu und erfahre es mit all deinen Sinnen. Warte nicht auf morgen, dein Leben findet jetzt statt.

Für die eine ist es der Fallschirmsprung, für die andere der Wunsch nach beruflicher Veränderung oder die Überwindung, etwas Neues im Leben erst einmal gedanklich überhaupt zuzulassen. Fange mit kleinen Schritten an und lerne, deine Routinen zu durchbrechen, dir selbst zu vertrauen und dich dem Leben hinzugeben. Erinnerst du

Es braucht immer wieder einmal ein ***Ver-rücken****.*

dich? Vertrauen und Hingabe ist Yin. Du darfst dich voll und ganz auf deine persönliche Art dem Leben öffnen. Denn ein wild-verrücktes Leben findet vor allem im Inneren statt. Hier geht es nicht um Lob, Anerkennung oder darum, etwas nach außen zu beweisen, sondern um deine persönliche, tief empfundene Erfüllung. Und das bedeutet für jede Frau etwas anderes.

Wichtig ist nur, dass du dich auf den Weg zu deinem persönlichen Lebensglück machst. Es ist ganz normal, dass du dabei auch innere Widerstände und Ängste spürst, jeder von uns hat es mit anderen Grenzen und Herausforderungen zu tun. Letztlich kommt es nur darauf an, nicht in der Angst zu verharren, sondern über den Rand deiner gewohnten Routinen zu blicken und den ersten Schritt zu wagen.

Erst wenn du beginnst, Routinen zu durchbrechen, kann etwas Magisches entstehen. Eine Eigendynamik entsteht, die eine schöpferische Kraft erzeugt. Es entsteht eine positive Aufregung, die nur im echten Leben zu finden ist. Wenn du deine Komfortzone verlässt und dich auch immer wieder in unbekannte Abenteuer aufmachst, kommst du aus dem Alltagstrott, der bei vielen um sich greift. Es ist ganz bestimmt bequem und gibt auch ein Gefühl von Sicherheit zu wissen, was passieren wird. Zu bestimmten Zeiten ist dies auch wichtig, um ein entspanntes Leben führen zu können. Aber ebenso wichtig ist es, immer wieder diese Komfortzone zu verlassen. Das wird dir tiefe, innere Freude bereiten.

Folgende Fragen können dir dabei behilflich sein:

- In welchen Routinen steckst du fest, die dich das Leben nicht mehr spüren lassen?
- Was wäre der erste Schritt, diese Routinen zu durchbrechen und etwas in deinem Leben zu verändern?
- Welches Abenteuer möchtest du gerne erleben?
- Warum willst du das erleben?
- Wie sieht wohl der Rest deines Lebens aus, wenn du mit gewohnten Routinen brichst, um etwas Neues auszuprobieren?

Nimm dir einen Zettel und schreibe dir die Antworten auf. Werde dabei so konkret wie möglich. Was lässt dich deinen Körper wieder spüren, Beziehungen intensiver wahrnehmen? Was lässt dein Leben bunter erscheinen, die Farben, die dich umgeben, intensiver sehen?

DER UNTERSCHIED, der den Unterschied macht. Oft ist es nur ein kleiner Unterschied, der den Unterschied macht. Beobachte dich selbst, in welchen Routinen du feststeckst, die sich nicht mehr richtig anfühlen. Routinen, die dir nicht guttun oder dich zu einem fremdbestimmten Menschen machen. Du musst nicht 40 Tage in der Wüste verbringen, um deine Komfortzone zu verlassen.

Du kannst diese Routinen mit kleinsten Übungen im Alltag durchbrechen und z. B.

- einen anderen Weg zur Arbeit nehmen,
- statt Kaffee einfach mal Tee zum Frühstück trinke,
- einen fremden Menschen in der U-Bahn ansprechen,
- jemanden anrufen, mit dem du schon jahrelang nicht mehr gesprochen hast,
- ins Schwimmbad gehen statt zu joggen.

Oder du gehst einen Schritt weiter und wirst zur Abenteurerin:

- Du springst in einen eiskalten Bergsee.
- Anstatt in den All-inclusive-Urlaub zu fahren, machst du eine Pilgerreise.
- Du singst mitten in der U-Bahn-Station laut dein Lieblingslied.
- Du übernachtest eine Nacht im Wald.

Female-Empowerment-Tipp

Eins nach dem Anderen

Wenn du neue Verhaltensweisen in dein Leben integrieren möchtest, beginne am besten einmal mit einer. Wenn du dir vornimmst, ab jetzt jeden Morgen in den Wald zu gehen, weniger Zeit am Handy zu verbringen, deinen Menstruationszyklus bewusst zu leben und vor Mitternacht ins Bett zu gehen, beginne am besten nur mit einer Sache, um diese dann nach und nach zu ergänzen. Zu viele Veränderungen stressen dein Gehirn und früher oder später lässt du es dann wieder sein. Eine Veränderung hingegen erlaubt deinem Gehirn, sich langsam darauf einzustellen und die Veränderungen als positiv zu erleben. Je häufiger eine neue Erfahrung gemacht wird, desto leichter kann eine Veränderung stattfinden.

Lebe jetzt

Was macht dich glücklich? Wie würdest du gerne leben? Du kennst die Anforderungen des Alltags bestimmt. Was gibt dir das Gefühl, selbstbestimmt zu leben? Achtsam mit dir selbst zu sein? Ein entspanntes Körpergefühl wahrzunehmen? Was gibt dir das Gefühl, wenn heute der letzte Tag deines Lebens wäre, du laut rufen würdest: »Ja, der hat sich gelohnt. Ich möchte mit niemandem auf der Welt tauschen.«

Der richtige Moment für dein kraftvolles, authentisches Leben ist genau jetzt. Und es gibt einen glasklaren, unumstößlichen Grund, warum du dein gelassen-entspanntes Leben voller Energie nicht auf später verschieben solltest. Auch wenn wir uns das zyklische Zeitdenken angeeignet haben und das Leben als ewigen Kreislauf sehen, ist dein jetziges Leben in deinem jetzigen Körper endlich. Du wirst eines Tages diese Erde verlassen. Ich empfinde es auch nicht erstrebenswert, unsterblich zu werden. Der Tod gehört zum Menschsein einfach dazu und gerade unsere Vergänglichkeit macht das Leben so einzigartig und unsere begrenzte Zeit so kostbar.

Uns dessen bewusst zu werden, ist unerlässlich im Zusammenhang damit, dass du dein Leben voll auskostest. Damit du dein Frausein voll auskostest. Dich nicht von der Welle der Fremdbestimmung mitreißen lässt. Damit du nicht zu einer Nummer wirst und in der Stressfalle untergehst.

Wenn du nur noch wenige Monate zu leben hättest, würdest du dann noch immer das tun, was du gerade tust? Stelle dir diese Frage, immer und immer wieder.

Wenn du den Mut haben möchtest, dein eigenes Leben zu leben, dann ist es unerlässlich, dass du dir immer wieder bewusst machst, dass du eines Tages sterben wirst. So wird jeder Tag deines Lebens ein bedeutungsvoller Beitrag zu der Vision, die du von deinem Leben als Ganzes hast. Wie fantastisch dein Leben wird, individuell und unverwechselbar, wenn du wirklich weißt, was dir im Inneren wichtig ist. Und wenn du dieses Bild vor Augen hast, schaffst du es jeden Tag wieder aufs Neue, das zu sein und das zu tun, worauf es dir wirklich ankommt.

Dazu möchte ich dir eine einfache Übung vorstellen, mit der du sehr rasch zu deiner ganz eigenen Definition eines erfüllten Lebens findest. Vielleicht überrascht es dich, was du entdecken wirst, vielleicht bist du dir dessen auch schon bewusst. Wichtig ist nur, dass du es dir täglich in Erinnerung rufst, um dann den Mut zu haben, dein Leben zu leben.

Blicke auf dein Leben zurück

Stelle dir vor, du bist alt und wirst bald sterben.

- Was war dir wichtig in deinem Leben?
- Was hat sich gut angefühlt?
- Was war deiner Meinung nach nicht gut?
- Was würdest du anders machen?
- Wofür würdest du mehr Zeit einräumen?
- Was bedeutet für dich, wenn du alt bist, ein erfülltes Leben gelebt zu haben?
- Welche Werte möchtest du gelebt haben?
- Welche Person möchtest du gewesen sein?

Nimm dir ein paar Minuten Zeit, um diese Fragen zu beantworten. Sie sind essenziell.

Gut zu wissen

Interessant ist in diesem Zusammenhang eine Erkenntnis aus zahlreichen Studien. Fragen wir Menschen an ihrem Sterbebett, was sie in ihrem Leben versäumt haben, sind es Themen wie verpasste Freundschaften, verlorengegangene Beziehungen, zu wenig verbrachte Zeit mit den Kindern.

Ein neues Leben

Stelle dir vor, du bekommst ein neues Leben geschenkt, einfach so. Denke nicht großartig darüber nach, warum oder was das soll, sondern lasse dich einfach einmal auf diesen Gedanken ein. Was wäre, wenn du dieses neue Leben geschenkt bekommen würdest?

- Wie würdest du leben?
- Wie würdest du deinen Alltag verbringen?

Stelle dir vor, du hättest die Freiheit, alles so zu gestalten, wie es dir beliebt. Alle Glaubenssätze, die dich in deinem jetzigen Leben einschränken, wären wie weggezaubert. Du entscheidest, was du in deinem neuen Leben glauben, denken und umsetzen möchtest.

- Welche Menschen umgeben dich?
- Welcher Arbeit gehst du nach?
- Wie verbringst du deinen Alltag?
- Wo verbringst du deinen Urlaub?
- Welche Kleidung trägst du?
- Wie wohnst du?
- Wie bewegst du dich?
- Wie sprichst du?

Auch wenn wir beide wissen, dass du kein neues Leben geschenkt bekommst, bringt dich diese eine Frage mit deinen tiefsten Wünschen und Bedürfnissen in Kontakt. Und hinter diesen Wünschen und Bedürfnissen liegt dein größtes Potenzial, die beste Version deiner selbst zu leben und dein Frausein zu feiern. Denn tatsächlich brauchst du kein neues Leben geschenkt zu bekommen, sondern es ist bereits alles da. Jetzt in deinem Leben. Es liegt an dir, die Antworten auf diese Frage auch umzusetzen. Denn es ist möglich! In diesem deinem wunderbaren Leben! Höre den Ruf des Lebens in all seinen Facetten. Wage es, dem Leben ein lautes »Ja« entgegenzurufen. Nur du alleine kannst deinen individuellen, genialen Weg als kraftvolle Frau gehen. Lebe wild und wunderbar.

Ein Märchen für die Weiblichkeit

So, wie jeder Tag zu Ende geht, geht auch langsam dieses Buch zu Ende. So viele Abende mit meinen Kindern endeten mit einem Märchen. Und so möchte ich auch dir am Ende unserer gemeinsamen Reise ein Märchen in dein kraftvolles Leben als Frau mitgeben. Vielmehr möchte ich es mit dir gemeinsam deuten. Ich liebe Märchen. Wir können viele Wahrheiten in Märchen finden, wenn wir genau hinsehen und hinhören. Es ist nur eine Frage der richtigen Deutung, um alte Weisheiten in Märchen zu finden.

Kein Märchen beschreibt eindrücklicher, wie wichtig es ist, dass weibliche Qualitäten wieder gelebt werden als »Dornröschen«. Es beschreibt in seiner metaphernreichen Sprache sehr treffend unser momentanes gesellschaftliches Treiben. Es erzählt davon, was passiert, wenn wir vorwiegend die Yang-Aspekte leben und dass das Leben erst lebenswert wird, wenn Yin und Yang ins Gleichgewicht kommen. Ich lade dich ein, mit mir gemeinsam das Märchen Dornröschen zu deuten und eine Wahrheit zu erforschen, die aktueller nicht sein könnte.

Wenn du dich nicht mehr an den Inhalt des Märchens erinnern kannst, findest du hier die Version der Gebrüder Grimm in zusammengefasster Form: www.tanjadraxler.com/lebewunderbar

Wichtig: Sieh die Deutung in Zusammenhang mit »männlicher« und »weiblicher« Seite immer in einem übergeordneten Sinn. Ganz nach dem Yin-und-Yang-Prinzip. Es geht um Anteile in dir, die gelebt werden wollen.

ZUR ERINNERUNG:

- Archetypisch weiblich steht für: Entspannung, Leere, Ruhe, Intuition, Annehmen, Gefühle, Tiefpunkt, Langsamkeit, Kreativität, Hingabe, Innen …
- Archetypisch männlich steht für: Anspannung, Fülle, Aktivität, Verstand, Bewegung, Spannung, Kontrolle, Planbarkeit, Schnelligkeit, Ziele, Logik, Tun, Außen …

Interpretation Dornröschen

Schon zu Beginn des Märchens wird uns erzählt, dass die Königin kein Kind empfangen kann. In Märchen steht diese Thematik dafür, dass das Weibliche in dieser Beziehung keinen Platz findet. Befruchtung, Schwangerschaft und Geburt stehen für die Weiblichkeit, eine archetypische Kraft. Als die Königin dann endlich doch schwanger wird, wird der männlichen Seite des Lebens in diesem Märchen mehr Aufmerksamkeit geschenkt. Die weibliche Seite wird vernachlässigt, wie wir gleich sehen werden. Das hat natürlich Konsequenzen, von denen uns das Märchen erzählt.

Wie geht es also weiter? Wir erfahren von der Schönheit des Kindes und der gigantischen Freude des Königs darüber. Von der Freude der Mutter hören wir nichts. Was will uns das sagen? Schönheit ist ein Ausdruck von Weiblichkeit und Harmonie und damit genau das, was der König bisher vermisst hatte. Durch das Kind kommt der König in Kontakt mit dem weiblichen Pol, seiner Ergänzung, was seine Frau ihm offensichtlich nicht geben konnte, deshalb konnte sie auch lange Zeit nicht schwanger werden.

Diese Freude will er jetzt mit seinem ganzen Hofstaat feiern und veranstaltet dazu ein großes Fest. Dazu sollen auch die dreizehn weisen Frauen, im Märchen Feen, eingeladen werden. Der König hat jedoch nur zwölf goldene Teller, so muss eine von ihnen zu Hause bleiben. Welch Ironie, wenn wir dies genauer betrachten. Ein König, der viele Reichtümer besitzt, soll nur zwölf goldene Teller haben? Es lohnt sich, einen Blick auf diese Zahl zu werfen, damit wir das Märchen auf seiner tiefen Ebene verstehen können. Die Zahl zwölf wird dem männlichen Prinzip zugeordnet. Die Zahl erinnert uns an die zwölf Sonnenmonate, die Sonne symbolisiert das männliche Prinzip wie auch das Gold. Und da es in diesem Königreich nur zwölf goldene Teller gibt, sagt uns das, dass in diesem Königreich allein das männliche Prinzip gelebt wird. Die Zahl dreizehn steht jedoch für das archetypisch weibliche Prinzip. Sie leitet sich von den dreizehn Mondzyklen des Jahres ab. Frauen menstruieren dreizehn Mal im Jahr. Jedoch gibt es keinen dreizehnten Teller, das heißt, die Weiblichkeit ist in diesem Königreich nicht vorhanden, sie wird als nicht notwendig betrachtet.

Wenn wir ständig unter Stress stehen und unseren natürlichen Rhythmus als Frau nicht achten, laden wir die dreizehnte Frau nicht ein. Wir laden somit die Weiblichkeit nicht ein. Wir schließen das weibliche Lebensprinzip aus und lassen es nicht am Fest des Lebens teilhaben.

Wie geht es im Märchen weiter? Wird die »Dreizehn« ausgeschlossen, wird sie böse. Sie will, dass sich die Königstochter an ihrem fünfzehnten Geburtstag an einer Spindel sticht und stirbt. Die zwölfte Fee hat jedoch ihren Wunsch noch nicht geäußert. Sie kann den bösen Spruch zwar nicht aufheben, aber sie kann ihn mildern, indem sie sagt, dass das Mädchen nicht sterben, sondern in einen hundertjährigen Schlaf fallen soll. Und mit ihr das ganze Königreich.

Der König reagiert so, wie viele Eltern von uns reagieren würden. Er lässt alle Spindeln im Land verbrennen, sodass sich das Mädchen an keiner Spindel stechen kann. Doch wie wir im Verlauf des Märchens erfahren, irrt er sich. Denn er macht einen anderen, grundsätzlichen Fehler. Er hat die dreizehnte Fee nicht eingeladen und somit das weibliche Lebensprinzip ausgeschlossen.

Die Fee wird sich rächen, das heißt, das Weibliche wird sterben. Nachdem es kein wirklicher Tod sein wird, sondern nur ein hundertjähriger Schlaf, sagt uns das Märchen Folgendes: Wer viele Jahre nur das männliche Lebensprinzip lebt, also ständig leistet, wirtschaftlich denkt, die Nacht zum Tag macht und das Sinnliche ausschließt, kommt früher oder später an einen Punkt, an dem es nicht mehr weitergeht. Er wird verletzt und in einen »künstlichen Schlaf« versetzt. Wir könnten dies unter anderem auch als massive Erschöpfungszustände oder Burnout interpretieren.

Im Märchen sind es also hundert Jahre. Was bedeutet diese Zahl? Diese Zahl steht für das Symbol der Einheit und zwar in ihrer höchsten Vollendung. Während des Schlafes läuft eine unbewusste weibliche Phase ab. Sie bringt so viel Weiblichkeit ins Leben, wie bisher Männlichkeit vorhanden war. Dann stehen sich zwei gleich große Teile gegenüber, die männliche und die weibliche Seite.

Wofür steht nun aber die Spindel? Sie steht für unser innerstes Wesen, für den göttlichen Kern in uns, den Funken, der uns erst leben lässt. Das ist der Punkt, an dem sich, wie die dreizehnte Frau es vorausgesagt hat, die Königstochter an der Spindel sticht. Der äußerste Punkt, der zur Umkehr zwingt, ist erreicht. Wenn wir Frauen diesen Punkt erreicht haben, fühlen wir uns leer, ausgebrannt und zerrissen. Es braucht die Beschäftigung mit sich selbst, mit den inneren Räumen, mit Muse und dem innersten Wesen. Indem der König alle Spindeln verbrennen lässt, will uns das Märchen klarmachen, dass dieser innere Raum jedoch wie verbrannt ist.

Unbewusst sucht die Königstochter jedoch nach diesen inneren Anteilen, so macht sie sich auch auf den Weg in den Turm. Obwohl angeblich alle Spindeln verbrannt wurden, findet sie dennoch eine übriggebliebene. Auch wenn wir das archetypisch weibliche Prinzip nicht leben, gibt es in unserem Innersten doch noch ein Stübchen, in dem es sich finden lässt. Unser Innerstes lässt sich nicht so einfach ignorieren. Wenn es Zeit ist, tritt es in das Zentrum der Aufmerksamkeit. Und so geschieht es auch bei der Königstochter. Sie sticht sich an der Spindel und fällt in einen tiefen Schlaf, mit ihr der ganze Hofstaat. Die Dornenhecke beginnt zu wachsen.

Die Dornenhecke steht für einen unbewussten Aspekt der Weiblichkeit, den C. G. Jung »Schatten« nennt. Alles, was unterdrückt oder negiert wird, verschwindet nicht, sondern bildet einen Schatten. Sperren wir die weibliche Seite aus unserem Leben aus, so wird ein unbewusster Aspekt der Weiblichkeit wachsen, und das ist das, was im Märchen mit der Dornenhecke dargestellt wird. Sie überwuchert am Ende alles. Wenn gesellschaftlich gesehen die männliche Lebensausrichtung zu lange einseitig gelebt wird, überwuchert sie uns. Sie treibt zwar die Wirtschaft voran, eine sich rasant entwickelnde Welt, jeden Tag kommen neue Produkte auf den Markt, jedoch kann die Welt – so wie die Dornenhecke – immer schlechter durchschaut werden. Die Menschen können darin hängen bleiben und zugrunde gehen, so wie in einer Dornenhecke. Das geschieht vor allem bei Menschen, die nie gelernt haben, ihre weiblichen Anteile zu leben, die nie gelernt haben nach innen zu lauschen und zu spüren, was ihnen guttut oder sie krank macht. Die Welt wird zunehmend zu einem Ort mangelnder Fürsorge, sie wird roh und gewaltsam. Die Lebensqualität scheint zwar durch bequeme Umstände zu wachsen, aber im Inneren verarmen wir und die Lebensqualität nimmt ab. Auch Partnerschaften leiden darunter, will uns das Märchen sagen. Die jungen Männer schaffen es nicht, durch die Dornenhecke zu dem Mädchen vorzudringen. Sie sterben bei diesem Versuch einen jämmerlichen Tod. Das heißt, um eine glückliche Partnerschaft leben zu können, braucht es Zeit und Ruhe. Dies ist die Voraussetzung für Nähe und Verbundenheit. Auch in der Beziehung zu unseren Kindern ist das die Basis.

Doch, wie es im Märchen oft kommt, geschieht gerade an diesem dunkelsten Punkt ein Wunder. Als die Zeit reif ist und die hundert Jahre vorbei sind, kommt ein Königssohn und die Dornenhecke öffnet sich wie von selbst. Die Dornen verwandeln sich in große, schöne Blumen. Wir öffnen uns. Wir geben uns hin. Der Prinz gibt Dornröschen einen Kuss. Dieser steht als Symbol für die Vereinigung von Gegensätzen. Das Weibliche hat seinen rechtmäßig verdienten Platz zurückerhalten. Somit steht einer glorreichen Zukunft nichts mehr im Wege.[23]

Was will uns das sagen? Wird die archetypisch weibliche Seite vernachlässigt, so wächst die dornige Seite des Lebens. Wer hingegen das weibliche Lebensprinzip einlädt, wird ein glückliches, gesundes und erfülltes Leben führen.

Ich wünsche dir von Herzen viel Freude auf dem Weg in dein powervolles Leben als Frau, viel Zeit dafür, deine Yin-Qualitäten zu nähren, tiefe innere Entspannung und viel Energie.

Anhang

Anmerkung der Autorin

Bei länger anhaltenden Erschöpfungszuständen und Stresssymptomen empfehle ich immer ein besonderes Augenmerk auf moderate Bewegung, gesunde Ernährung und genügend Schlaf zu legen. Vor allem die Darmflora steht in engem Zusammenhang mit unterschiedlichsten Stresssymptomen.

Außerdem empfiehlt es sich, den Hormonstatus sowie den Vitaminstatus regelmäßig abklären zu lassen. Zu den hilfreichen Vitaminen bei Stress zählen vor allem B-Vitamine, Vitamin C, Vitamin E und Vitamin D.

Wurden traumatische Erlebnisse oder werden Symptome wie Panikattacken, Depressionen oder Burnout erlebt, lege ich nahe, einen Therapeuten des Vertrauens aufzusuchen, um den Heilungsprozess professionell zu unterstützen.

Danksagung

Ich beginne damit, meinen weiblichen Vorfahrinnen danke zu sagen. Ohne euch wunderbare Frauen wären wir jetzt nicht da, wo wir stehen. Ihr habt alles gegeben, in eurem besten Sinne gehandelt.

Theresia, meine liebe Großmutter, die ich nie kennenlernen durfte. Ich habe meinen zweiten Vornamen von dir und ich trage ihn voller Stolz und Würde. Du hast dein Bestes gegeben und meinen Vater zur Welt gebracht. Du hast ihn in deinem besten Sinne ins Leben begleitet, mehr war nicht möglich. Und trotzdem hast du ihn viel zu früh verlassen. Du hast gekämpft, viel zu leise. Du hast das Leid, wie so viele Frauen der damaligen Zeit, ertragen und bist daran zerbrochen. Der Gebärmutterkrebs war für deinen Körper nicht zu bewältigen.

Stefanie, meine liebe Großmutter mütterlicherseits. Du hast das Leben voll ausgekostet und bist erst vor Kurzem mit stolzen 92 Jahren von uns gegangen. Du hattest es auch nicht leicht. Mit dir habe ich viele schöne Stunden verbracht. Du hast mir das schönste Abschiedsgeschenk gemacht, das du mir schenken konntest. Ich durfte dabei sein, als du von uns gegangen bist und deine Seele deinen Körper für immer verlassen hat. Du hast auf mich gewartet. Auf mich und deine Tochter und bist dann leise und friedlich eingeschlafen. Ich danke dir von Herzen dafür, dass ich dich begleiten durfte. Das hat mich in meiner urweiblichen Kraft unglaublich gestärkt. Du hast mich erleben lassen, dass auch das Sterben eine Geburt ist und der Kreis sich schließt. Es ist nur ein Wechsel in eine andere Dimension, die für unser menschliches Auge nicht sichtbar ist. Ich habe tief in mir gespürt, dass zum ewigen Kreislauf des Lebens das Sterben dazugehört. Dass sich Tod und Geburt die Hand reichen und im ewigen Tanz des Lebens aufeinandertreffen.

Meine lieben Großmütter, ich danke euch für alles von Herzen.

Meine Eltern, ohne die ich nicht in dieser Form auf dieser Erde wäre. Ich danke euch für so vieles, dass die Worte hier nicht dafür ausreichen würden. Ihr habt mich überhäuft mit dem, wovon ein Kind wahrscheinlich nie genug haben kann. Mit Liebe. Meine liebe Mutter, die es auf so wundervolle Weise vollbringt, Räume zu schaffen. Und mein wunderbarer Vater, der diese Räume schützt. Ich danke euch, dass ich mich in diesem Raum entfalten darf, ihr immer hinter mir steht und mich in mancher Krise mit voller Kraft unterstützt habt. Ihr seid nicht nur die besten Eltern auf der Welt, sondern auch die besten Großeltern für unsere Kinder.

Danke an meine Schwiegermutter, die uns in den letzten Jahren immer beigestanden ist. Du bist für deine Enkel jederzeit einsatzbereit und dafür danke ich dir von Herzen. Eine Oma wie dich zu haben, ist eines der größten Geschenke im Leben eines Kindes. Und natürlich ist auch dein Essen unverwechselbar köstlich.

Ulrich, vor so vielen Jahren haben wir uns bei dem Sonnwendfeuer gefunden. Einem meiner liebsten Jahreskreisfeste. Und bis heute ist meine Liebe zu dir nicht in Worte zu fassen. Mit dir gemeinsam habe ich das Leben realisiert, das ich tief in meinem Herzen schon erspürt habe, noch bevor wir uns begegnet sind. Ich wusste, als wir uns das erste Mal sahen, mit dir kann ich dieses Leben verwirklichen. Ein Leben voller Freiheit, Liebe und Selbstverwirklichung. So vieles haben wir schon gemeinsam erlebt. Bei dir darf ich die sein, die ich bin. Ich danke dir, dass du mich so nimmst, wie ich bin und keine Angst hast, vor der wahren weiblichen Kraft in mir.

Der Kreislauf des Lebens geht weiter und ich danke meinen drei wunderbaren Kindern. Ihr seid mein größtes Geschenk auf dieser Erde. Jeder von euch ist einzigartig und einmalig so wie eure Haarfarben. Ich stehe immer hinter euch, egal, was kommt. Ich weiß, dass jeder von euch seinen Weg gehen wird, auf seine ganz individuelle Art und Weise. Ich wünsche euch aus tiefstem Herzen, dass ihr eure Version des Lebens leben könnt.

Andrea, auch wenn wir uns nicht so oft sehen, kann ich dich doch immer gut spüren. Wenn wir uns sehen, bekommen wir kaum Luft während des Redens, Lachen miteinander und vergessen die Zeit. Dafür danke ich dir von Herzen. Ich bin unendlich stolz darauf, eine große Schwester wie dich zu haben.

Martina, was würde ich ohne dich nur machen. Was bin ich froh, dass du mich damals gefragt hast, ob ich mit dir zu diesem Vortrag gehen möchte. Seitdem kann ich dich mir aus meinem Leben nicht mehr wegdenken. Danke für die unzähligen Gespräche mit dir, für dein offenes Ohr, für deine ehrlichen Worte, für deine Familie, für dein Sein. Ich freue mich auf die vielen gemeinsamen Reisen mit dir, die noch vor uns liegen.

Tamara und Manuela, ich habe mir gewünscht, Mitarbeiterinnen wie euch beide zu finden, und tatsächlich seid ihr in meinem Leben erschienen. Es vergeht kein Tag, an dem ich mich nicht freue, mit euch gemeinsam in unserem gemütlichen Zentrum zu arbeiten, zu lachen und auch Zeit zum Plaudern zu finden. Ihr seid immer für alle verrückten Ideen von mir offen und unterstützt mich mit großem Engagement. Vielen Dank dafür.

Mein ganz herzlicher Dank geht an das Team des TRIAS Verlags, allen voran Celestina Filbrandt, Magdalena Kieser und Kathrin Hage. Ich bedanke mich für die überaus bereichernde, professionelle und wertschätzende Zusammenarbeit.

Herzlichen Dank an Manuela Haubmann, die keine Mühen scheut, durch Wald und Wiesen zu laufen, um mit mir gemeinsam die Natur an den schönsten Plätzen Österreichs einzufangen.

Danke an meine Jahreskreisschwestern, die mit mir schon seit so vielen Jahren gemeinsam durch den Jahreslauf gehen. Danke für die Gespräche, den Austausch und das gemeinsame Feiern. Ihr bereichert mein Leben sehr.

Danke an die unzähligen Kursteilnehmerinnen und Kursteilnehmer, die ich in den letzten Jahren ein Stück ihres Weges begleiten durfte. Ohne euch wäre dieses Buch nicht in dieser Form entstanden. Von und mit euch durfte ich lernen und meine Arbeit immer wieder auf neuer Ebene bereichern.

Es gibt so unzählig viele Menschen mehr in meinem Leben, denen ich von Herzen danke sagen möchte, dass es sie gibt. Wenn du dich jetzt angesprochen fühlst, dann weißt du, dass ich genau dich meine. Vielen Dank für dein Sein.

Literatur

So viele Bücher, Vortragende und Mentorinnen haben mich dazu inspiriert, dieses Buch zu schreiben. Es ist unmöglich, sie hier alle anzuführen. Aber ich möchte an dieser Stelle meinen großen Dank aussprechen. Zu den wichtigsten Quellen zählen folgende Bücher:

Arvay, Clemens. **Der Biophillia-Effekt**. Heilung aus dem Wald. edition a, Wien 2015

Brandes, Nicole. **Weiblich, wild & weise**. Selbstbewusst Selbstbestimmt Selbsterfüllt. Goldegg. Berlin 2019

Brandes, Nicole. **We-Q. Wir Intelligenz**. Warum wir ohne sie untergehen und mit ihr wirklich erfolgreich werden. Europa Verlag. Berlin 2016

de las Heras, Brigitta. **Die Reise durch den Jahreskreis**. Rituale, Phantasiereisen und Tänze zu den acht Jahreskreisfesten. Schirner. Darmstadt 2005

Draxler, Tanja. **Gelassenheit steckt an**. Entspannt durch den Familienalltag. Ennsthaler. Steyr 2017

Hutter, Daniela. **Das Yin Prinzip**. Entdecke deine weibliche Essenz. Goldmann. München 2016

Hühn, Susanne. **Raum für die innere Frau**. Deine innere Schale oder der Schlüssel zum weiblichen Selbst. Schirner. Darmstadt 2018

Lindau, Veit. Fucked up. **Wie du aus Sch… Kompost machst**. Kailash. München 2017

Loomans, Paul. **Ich habe Zeit**. Gelassen alle Aufgaben meistern. Eine Anleitung zum Zeitsurfen. Lotos Verlag. München 2017

Narbeshuber, Esther und Johannes. **Mindful Leader**. Wie wir die Führung für unser Leben in die Hand nehmen und uns Gelassenheit zum Erfolg führt. O. W. Barth. München 2019

Northrup, Christiane. **Frauenkörper Frauenweisheit**. Wie Frauen ihre ursprüngliche Fähigkeit zur Selbstheilung wiederentdecken können. Zabert Sandmann. München 2017

Osho. **Das Orangene Buch**. Die Meditationstechniken Oshos. Osho Verlag. Zürich 1998

Patterson, Timothy. **Gelassenheit gewinnt**. Entdecken Sie das Geheimnis des Erfolgs. Umboldt. München 2008

Poppe, Wurlitzer. **Wild Power**. Dein Zyklus als Quelle weiblicher Kraft. TRIAS Verlag, Stuttgart 2019

Pröll, Gabriele. **Das Geheimnis der Menstruation**. Kraft und Weisheit des Mondzyklus. Arkana Goldmann. München 2004

Pröll, Gabriele. **Die »glückliche« Gebärmutter**. Innere Bilder – selbstheilende Kraft bei Unterbauchbeschwerden. Verlag DiametriC. Würzburg 2013

Shiina, Yuki. **Die sanfte Zen-Atmung**. Das Anti-Aging-Geheimnis der Japanerinnen. TRIAS Verlag. Stuttgart 2019

Strobel, Ingrid. **Stressbewältigung und Burnoutprävention**: Einzelberatung und Leitfaden für Seminare. TRIAS Verlag. Stuttgart 2018

Weaver, Libby. **Energiegeladen statt dauermüde**. Energiefresser erkennen – ungeahnte Kraftquellen freisetzen. TRIAS Verlag. Stuttgart 2018

Weaver, Libby. **The Rushing Woman Syndrom**. Was Dauerstress unserer Gesundheit antut. TRIAS Verlag. Stuttgart 2018

Anmerkungen

1 Pröll, Gabriele. Das Geheimnis der Menstruation. Kraft und Weisheit des Mondzyklus. Arkana Goldmann, München 2004, S. 75–79

2 vgl. https://www.utestrohbusch.de/2015/01/17/das-weibliche-und-m%C3%A4nnliche-urprinzip/

3 https://www.utestrohbusch.de/2015/01/17/das-weibliche-und-m%C3%A4nnliche-urprinzip/

4 Hutter, Daniela. Das Yin Prinzip. Entdecke deine weibliche Essenz. Goldmann, München 2016

5 Narbeshuber, Esther und Johannes. Mindful Leadership. Wie wir die Führung über unser Leben in die Hand nehmen und uns Gelassenheit zum Erfolg führt. Verlag O.W. Barth. München 2019, S. 64–65

6 ebd. S. 71–77

7 https://www.sein.de/die-rueckkehr-des-ur-weiblichen/

8 angelehnt an die Bergemeditation aus dem Buch: Hoffmann, Ulrich. Meditation. Mein Übungsbuch für mehr Wohlbefinden und Gelassenheit. Gräfe & Unzer, München 2015, S.36–38

9 Weaver, Libby. Energiegeladen statt dauermüde. Energiefresser erkennen – ungeahnte Kraftquellen freisetzen. TRIAS Verlag, Stuttgart 2018, S. 81

10 Hutter, Daniela. Das Yin Prinzip. Entdecke deine weibliche Essenz. Goldmann, München 2016, S.176–177

11 Weaver, Libby. The Rushing Woman Syndrom. Was Dauerstress unserer Gesundheit antut. TRIAS Verlag, Stuttgart 2018

12 Hühn, Susanne. Raum für die innere Frau. Deine innere Schale oder der Schlüssel zum weiblichen Selbst. Schirner, Darmstadt 2018, S. 13–19

13 Ende, Michael. Momo. Ein Märchen-Roman. Thienemann Verlag Stuttgart, 2005, S.37

14 ebd., S.38

15 Narbeshuber, Esther und Johannes. Mindful Leadership. Wie wir die Führung über unser Leben in die Hand nehmen und uns Gelassenheit zum Erfolg führt. Verlag O.W. Barth. München, 2019, S. 176–179

16 Northrup, Christiane. Frauenkörper Frauenweisheit. Wie Frauen ihre ursprüngliche Fähigkeit zur Selbstheilung wieder entdecken können. Verlag Zabert Sandmann, München 2017

17 ebd., S. 46–49

18 Pert, Candace. Moleküle der Gefühle. Körper, Geist und Emotionen. Rowohlt, Reinbeck 2001

19 vgl. Pope, Alexandra; Wurlitzer, Sjanie Hugo. Wild Power. Dein Zyklus als Quelle weiblicher Kraft. TRIAS Verlag, Stuttgart 2019, S.66–85

20 Vgl. Pröll, Gabriele. Das Geheimnis der Menstruation. Arkana Goldmann 2004, S. 108–111

21 vgl. Amend, Lars. Why not. Inspirationen für ein Leben ohne Wenn und Aber. 2017. Verlag Gräfer und Unzer.

22 Gehört in: Begeistern mit Storytelling. Ein Audio- und Videotraining mit Rene Borbonus. Wortaktiv Verlag

23 vgl. http://www.maerchenapfel.de/dornroeschen/interpretation.html

Liebe Leserin, lieber Leser,

hat Ihnen dieses Buch weitergeholfen? Für Anregungen, Kritik, aber auch für Lob sind wir offen. So können wir in Zukunft noch besser auf Ihre Wünsche eingehen. Schreiben Sie uns, denn Ihre Meinung zählt!
Ihr TRIAS Verlag

Kontakt: kundenservice.thieme.de
Lektorat TRIAS Verlag
Postfach 30 05 04
70445 Stuttgart

Bibliografische Information der Deutschen Nationalbibliothek

Die Deutsche Nationalbibliothek verzeichnet diese Publikation in der Deutschen Nationalbibliografie; detaillierte bibliografische Daten sind im Internet über http://dnb.d-nb.de abrufbar.

1. Auflage 2020

ein Unternehmen der Thieme Gruppe,
Rüdigerstraße 14
70469 Stuttgart
Deutschland

www.trias-verlag.de

Printed in Germany

Programmplanung: Celestina Filbrandt
Projektmanagement: Kathrin Hage
Redaktion: Magdalena Kieser

Umschlaggestaltung und Layout:
CYCLUS · Visuelle Kommunikation, Stuttgart

Bildredaktion: Christoph Frick

Bildnachweis
Umschlagfoto und Bild S. 3:
© DEEPOL by plainpicture/Jonas Ingerstedt
Autorenfoto:
Manuela Haubmann
Fotos im Innenteil:
S. 8: © plainpicture/Hartmann + Beese
S. 12: © DEEPOL by plainpicture
S. 40: © plainpicture/mia takahara
S. 106: © DEEPOL by plainpicture/Mara Ohlsson
S. 136: © plainpicture/brophoto
S. 160: © plainpicture/Elektrons 08
S. 186: © plainpicture/Heidi Mayer
S. 228: © plainpicture/Esmeralda

Zeichnung S. 174: WILD POWER
Copyright © 2017 by Alexandra Pope and
Sjanie Hugo Wurlitzer
Originally published in 2017 by Hay House UK Ltd.

Zeichnungen: Grafikbüro Schaaf, Germersheim

Satz: CYCLUS · Media Produktion, Stuttgart
gesetzt in Adobe InDesign CC
Druck: AZ Druck und Datentechnik GmbH, Kempten

Gedruckt auf chlorfrei gebleichtem Papier

ISBN 978-3-432-11231-2 1 2 3 4 5 6

Auch erhältlich als E-Book:
eISBN (ePub) 978-3-432-11232-9

Wichtiger Hinweis: Wie jede Wissenschaft ist die Medizin ständigen Entwicklungen unterworfen. Forschung und klinische Erfahrung erweitern unsere Erkenntnisse. Ganz besonders gilt das für die Behandlung und die medikamentöse Therapie. Bei allen in diesem Werk erwähnten Dosierungen oder Applikationen, bei Rezepten und Übungsanleitungen, bei Empfehlungen und Tipps dürfen Sie darauf vertrauen: Autoren, Herausgeber und Verlag haben große Sorgfalt darauf verwandt, dass diese Angaben dem Wissensstand bei Fertigstellung des Werkes entsprechen. Rezepte werden gekocht und ausprobiert. Übungen und Übungsreihen haben sich in der Praxis erfolgreich bewährt. Eine Garantie kann jedoch nicht übernommen werden. Eine Haftung des Autors, des Verlags oder seiner Beauftragten für Personen-, Sach- oder Vermögensschäden ist ausgeschlossen.

Geschützte Warennamen (Warenzeichen) werden nicht besonders kenntlich gemacht. Aus dem Fehlen eines solchen Hinweises kann also nicht geschlossen werden, dass es sich um einen freien Warennamen handelt.

Datenschutz Wo datenschutzrechtlich erforderlich, wurden die Namen und weitere Daten von Personen redaktionell verändert (Tarnnamen). Dies ist grundsätzlich der Fall bei Patienten, ihren Angehörigen und Freunden, z.T. auch bei weiteren Personen, die z.B. in die Behandlung von Patienten eingebunden sind.